Stimmen aus dem südlichen Afrika

von

Werner Leippold

Herstellung und Verlag:
BoD – Book on Demand, Norderstedt

ISBN: 9783748152101

Inhaltsverzeichnis

1. Vorwort

Im März 2018 konnte ich in vielfältiger Hinsicht meinen Horizont erweitern: Eine Südafrika-Tour mit den Schwerpunkten Johannesburg, Prätoria, Krügerpark, kleine Karoo, Gartenroute, Kapstadt, Kap der Guten Hoffnung und Simbabwe mit den Victoriafällen stand auf dem Programm.

Ich hatte mir vorgenommen, einige meiner Erlebnisse in Form eines Reiseberichtes festzuhalten. Eine chronologische Beschreibung der einzelnen Tagesetappen erschien mir zu banal. Lange fehlte es an einer zündenden Idee, einem roten Faden. Ich suchte eine Alternative, fand aber keine.

Eines Abends kam mir die Idee, wie wohl die afrikanischen Gastgeber uns wahrgenommen hatten. Nach ein, zwei Glas Rotwein erweiterte ich den Kreis und versuchte mich in einige der von mir bestaunten Tiere hinein zu versetzen. Die Idee amüsierte mich und ich ließ einfach mal den König der Tiere reden. Chillo war der Start für „Stimmen aus Afrika". Je länger ich an den einzelnen Kapiteln arbeitete, umso mehr Freude entstand beim Schreiben und Recherchieren.

Danke allen Beteiligten und nun: Viel Spaß beim Hören der Stimmen bzw. beim Lesen.

PS: Wer in diesem Band Bilder aus dem südlichen Afrika vermisst, ein kleiner Tipp:

In meinem Buch **„Stimmen aus Südafrika"** sind 75 Bilder in den Text integriert.

Auch dieses Buch ist erschienen im BoD-Verlag, ISBN: 9783748149170

2. Ples will es wissen

Im Namen aller heiße ich, also Ples, euch in Südafrika willkommen. Viele Wissenschaftler gehen davon aus, dass ich die älteste Südafrikanerin bin. Also schaut genau hin.

Mein Schädel ist geschätzte zweieinhalb Millionen Jahre alt. Du hast richtig gelesen. Zweieinhalb Millionen. Er wurde 1936 in den Höhlen von Sterkfontein, unweit von Johannesburg gefunden. Dieser Fund von Dr. Robert Bloom gilt heute als das berühmte fehlende Glied in der Evolutionskette Affe-Mensch. Mein Name ist abgeleitet von der Gattung ‚Plesianthropus', was Fast-Mensch heißt. Mal ganz unter uns: Ich finde, dass man das ‚Fast' streichen könnte. Warum? Na, wenn ich mir meine täglichen Besucher mal ohne Dauerwelle, Fönfrisur, Kappe oder Sonnenhut vorstelle, unterscheiden die sich wirklich von mir? Wohl kaum, oder?

Dr. Broom hatte nach eingehenden Analysen meines Schädels abgeleitet, dass er von einem weiblichen Individuum stammen muss. Allerdings sind daran mittlerweile Zweifel aufgekommen. Bei Röntgenuntersuchungen wurde nämlich festgestellt, dass mein Schädel auch von einem Adoleszenten stammen könnte und spekuliert, er stamme von einem männlichen Wesen So, so.

Wie dem auch sei, Miss oder Mister, bezüglich meiner finalen Herkunft gilt wie für so Vieles auf diesem Planeten: ‚Nix Genaues weiß mer net'.

Ich finde die Frage nach meinem Geschlecht übrigens total gut, denn so haben all die Touris Gelegenheit, die mich im Nationalmuseum in Pretoria besuchen, ihr (Pseudo-) Wissen und ihre individuellen Theorien über die Entstehung des Menschen kund zu tun. Was ich da so täglich zu hören bekomme. Wahnsinn. Wäre ein gefundenes Thema für die Glosse eines Zeitgenossen von der ‚ebsch Seit', Holger Hieronymus: ‚Weine könnt' ich, weine.' Aber okay. Solange weiter über meine Herkunft spekuliert wird, solange werden auch Besucher aus aller Welt zu mir strömen. Das ist gut, da die Einnahmen aus dem Tourismusgeschäft fester Bestandteil unseres Budgets sind. Also: Bitte auch in Zukunft weiter diskutieren, spekulieren, streiten und besserwissern, ob ich nun eine Frau oder ein Mann bin. Darüber hinaus: Wer will nicht Klarheit darüber haben, wer er ist und wo er herkommt. Auch der neue Philosophiestar David Precht hat an dieser Frage noch zu knabbern. Freut mich.

Im Gegensatz zu meinem Geschlecht ist dagegen ziemlich sicher, dass in den südwestlichen Gebieten Afrikas bereits vor mehr als zehntausend Jahren Buschmänner (San) als Jäger und Sammler lebten. Felsbilder und Ritzzeichnungen belegen dies an verschiedenen Orten. Sie waren Nomaden, die vor etwa zwei Jahrtausenden mit den friedlichen Hirtenstämmen der Khoikhoi in Berührung kamen. Man schätzt, dass die ersten Einwanderungswellen vor eintausendfünfhundert Jahren einsetzten und bis in den West-Transvaal und den Oranje-Freistaat vordrangen.

Wie es dann weiter ging, wird euch der portugiesische Seefahrer Bartolomeu Dias berichten. Ich, Mrs./Mr. Ples, appelliere an die Menschheit, weiterhin neugierig zu sein und drängenden Fragen nicht auszuweichen. Ihr versteht?

3. Bartolomeu fand es

Auf der Suche nach einem Seeweg von Europa nach Asien hatten portugiesische Expeditionen bereits Anfang des 15. Jahrhunderts die Westküste Afrikas erkundet. 1486 erteilte mir, also Bartolomeu Dias, König Johann II. von Portugal den geheimen Auftrag, die Südspitze des Kontinents zu finden, sie zu umsegeln und bis Indien vorzustoßen. Ich stach mit drei Schiffen in See. Wir segelten an der afrikanischen Westküste entlang bis zum südlichsten damals bekannten Punkt an der Küste des heutigen Namibia. Von dort ging es weiter Richtung Süden, vorbei an der heutigen ‚Spencer Bai', bis wir schließlich in der Lüderitzbucht landeten. Ich errichtete dort meinen ersten steinernen Wappenpfeiler als Zeichen für die Inbesitznahme. Der erste Schritt war getan.

Auf der Weiterfahrt wurden wir von Stürmen über das Kap der Guten Hoffnung hinaus nach Süden getrieben. Als nach einigen Tagen auf Ostkurs immer noch kein Land in Sicht war und es immer kälter wurde, drehten wir nach Norden ab. Ich stieß auf eine bewohnte Bucht mit weidenden Rinderherden. Das musste die Bay an der Küste des heutigen Südafrika sein.

Hier steht noch heute der berühmte Postbaum, der von uns Seefahrern zum Versenden von Nachrichten genutzt wurde. Jeder, der dort Briefe fand, nahm sie mit, so weit er konnte, bis sie dann irgendwann ihren Empfänger erreichten. Und kaum zu glauben, es hat funktioniert. Zumindest in einigen Fällen. Ich habe jedenfalls daraus gelernt, dass man die Hoffnung nie aufgeben soll.

4. Jan nahm es

Die Inbesitznahme des Landes durch die Weißen und die Unterdrückung der farbigen Südafrikaner begann so richtig ab 1652, als ich, Jan van Riebeeck, am Kap der Guten Hoffnung, im Namen der Niederländischen Ostindien-Kompanie eine Versorgungsstation gründete.

Wir betrieben zunächst Landwirtschaft und Handel mit den Einheimischen. Später, so ab dem 18. Jahrhundert, wurden wir bekannt als ‚Buren', bekennende Calvinisten. In der neo-calvinistischen Nederduitse Gereformeerde Kerk (NGK), der auch heute noch die Mehrzahl aller weißen Afrikaner angehören, war es lange selbstverständlich, dass Weiße und Nichtweiße gemeinsam beteten und kommunizierten. Das sollte sich später dann ändern.

1857 beschlossen wir Buren, dass Nichtweiße „ihre christlichen Privilegien in einem separaten Gebäude oder Institut genießen" sollten. Zur religiösen Legitimation der Apartheid zogen wir Stellen aus dem Alten Testament, so aus dem 5. Buch Moses, heran. Es war nicht schwierig eine theoretische Fundierung für unsere Absichten und Ziele abzuleiten. Wie ihr seht, waren wir nicht nur in der Besiedlung und Nutzung von Neuland kreativ, nein, auch in der Rechtfertigung unseres

13

Tuns. Über ‚richtig' oder ‚falsch' soll die Nachwelt richten. Ich jedenfalls bin mit mir im Reinen. Und wer kann das schon von sich sagen.

5. Hastings starb viel zu früh

„Hello" hätte ich, Hastings Ndlovu, gesagt, wenn ich am 16. Juni 1976 nicht bei einer Schülerdemo von der Polizei erschossen worden wäre. Mein Leben währte nur kurz. Daher lasse ich andere zu Wort kommen, die erläutern wie es überhaupt zu den Demos kommen konnte und was tatsächlich passierte. Danke für euer Verständnis.

Das Hector-Pieterson-Mahnmal steht seit 1992 in Orlando, Soweto. Auch Hector war ein Schüler, der am gleichen Tag wie Hastings erschossen wurde.

Markus Bosch schreibt dazu am 16. Juni 2016, 20:13 Uhr in ZEIT ONLINE:

„Vor 40 Jahren, am 16. Juni 1976, verübte die Polizei des Apartheidstaates hier eines der brutalsten Massaker in der Geschichte des Landes. In ihren Schuluniformen waren weit mehr als 10.000 schwarze Schüler auf die Straße gegangen, um gegen die geplante Einführung von Afrikaans, der Sprache ihrer weißen Unterdrücker, als Unterrichtssprache zu demonstrieren. Das Regime antwortete mit Waffengewalt. Mehr als 600 Schüler wurden erschossen, so steht es auf der Tafel am Erinnerungsstein auf dem Hector Pieterson Square. Das Bild des sterbenden Hector, der

15

von einem Mitschüler getragen wird, ging um die Welt. Er war 13 Jahre alt. Während des Aufstands wurden tausende Schüler verletzt, weitere in der Folgezeit verhaftet, gefoltert, zu Tode geprügelt oder von Hochhäusern geworfen. "Auf Seife ausgerutscht" oder "aus dem Fenster gesprungen" ist in den Berichten der Polizei festgehalten, die nach dem Massaker lediglich 23 Todesopfer gezählt hatte."

So weit Markus Bosch. Was war passiert? Wie konnte es dazu kommen? Die Antwort hat eine komplexe Vorgeschichte, die Norbert, Iqhave und Noor aus ihrer Sicht darstellen werden.

6. Norbert findet keine Ruhe

Verdammter Mist, denke ich, Norbert Grave, wenn mein Grab auf dem alten mystischen Friedhof mal wieder von Touristen umlagert ist. Warum? Ich erzähle euch kurz meine Geschichte.

1873 wurde am Pilgrim's Greek Gold gefunden. Es waren die ergiebigsten Goldvorkommen im südlichen Afrika, die bis zu dieser Zeit entdeckt wurden. Schnell ging die Nachricht von den Funden um die Welt. Die Digger kamen aus Australien, Nordamerika, Europa und Russland nach Pilgrim's Rest. Ich war natürlich auch dabei. Es waren verdammt harte Zeiten und jeder musste schauen wo er bleibt. Um mich herum ruhen Goldgräber, Händler und spätere Bergwerksangestellte. Unser Friedhof liegt auf einem südlichen Hügel und ist äußerst interessant, da man von hier oben einen imposanten Blick über das Tal hat. Alle Gräber liegen in Ost-West Richtung. Nur meines ist Nord-Süd angelegt. Auf dem Grabstein steht Robber's Grave. Okay, ich gebe zu, ich habe ab und an etwas mitgehen lassen. Warum die mich aber auf frischer Tat gleich erschießen und senkrecht zu den anderen Gräbern bestatten mußten, verstehe ich wirklich nicht. Ich finde das total ungerecht.

Auf vielen Grabsteinen findet man deutsche Familiennamen. Dies spricht für deren großen Einfluss in der Goldgräberstadt. Viele suchten nicht nach dem Gold in der Erde, sondern betrieben lieber Handel, kauften das Gold auf, oder sie verliehen Kredite an die letztendlich armen Goldgräber. In meinen Augen waren das die wirklichen Räuber. Aber wie so oft im Leben: Die Kleinen hängt man und die Großen lässt man weiter ungehindert ihr Unwesen treiben.

So, jetzt kennt ihr meine Geschichte. Lasst mich bitte in Zukunft in Ruhe. Sonst kann ich wirklich nicht meine letzte Ruhe hier finden. Es reicht doch schon, dass mir der tolle Blick ins Tal verwehrt bleibt.

7. Iqhave erinnert sich

‚Ngileyo', also ‚ei gudde', meinerseits. Mein Name ‚Iqhave' bedeutet bei uns Xhosa ‚Krieger'. Wir haben uns einhundert Jahre lang gegen die Briten gewehrt, die schon früh nach Kontrolle über die Kapprovinz strebten. Zwischen 1779 und 1879 bekriegten die sich bei ihrem Vordringen Richtung Osten so lange mit uns Xhosa, bis unser tapferes Volk sich ergeben musste. Unter der britischen Herrschaft bildeten sich dann zu Beginn des 20. Jahrhunderts die ersten umfassend geplanten Apartheidsstrukturen in Südafrika heraus.

1910 wurde die Südafrikanische Union durch den Zusammenschluss der Provinzen Natal, Kapkolonie, Oranje-Freistaat und Transvaal gegründet. Die Union war von Anfang an unter Kontrolle der Weißen. Schwarze wie auch Farbige und Asiaten erhielten kein Wahlrecht. Sexueller Kontakt zwischen den unterschiedlichen als ‚Rassen' bezeichneten Bevölkerungsgruppen war strikt verboten. Die Trennungspolitik wurde schnell durch die weißen Machthaber legitimiert. Gesetz folgte auf Gesetz. So der ‚Mines and Works Act', der 1911 die ungleiche Behandlung der Weißen und Schwarzen in der Wirtschaft festlegte. !913 kam der ‚Natives Land Act'. Die schwarze Bevölkerung durfte nur noch in den ihnen zugewiesenen

Reservaten Land erwerben. Das waren etwa sieben Prozent des südafrikanischen Territoriums.

Die Regierung des 1924 gewählten Bündnisses zwischen der National Party und der South African Labour Party entwickelte eine ‚Civilized Labour Policy', nach der alle öffentlichen Arbeitgeber nur noch weiße Arbeitskräfte einzustellen hatten. Die Folge war, dass tausende schwarze Arbeiter ihren Arbeitsplatz bei der staatlichen Eisenbahn verloren.

Bereits vor 1948 waren die Nicht-Weißen Schritt für Schritt von der selbstbestimmten politischen Teilhabe und höheren Positionen in der Wirtschaft ausgeschlossen worden. Die Rassentrennung war zum Teil durch das Gesetz und zum Teil durch den inoffiziellen Brauch gegeben. Die Ordnung war jedoch nicht durchgängig. Es gab auch Farbige, die neben Weißen wohnten, indische Geschäftsleute, welche im Stadtzentrum ihren Geschäften nachgingen oder Schwarze, die außerhalb ihrer Reservate Farmen bewirtschafteten. Noor wird dazu mehr berichten.

Nach dem 2. Weltkrieg stopften die burischen Nationalisten die ‚Löcher' in der Rassentrennung. Sie teilten die ganze südafrikanische Bevölkerung in vier ethnisch differenzierte Klassen ein: ‚White', ‚Coloured', ‚Asiatic oder Indian' und ‚Native oder später Bantu und African'. Die Zuordnung zu einer dieser Gruppen erfolgte auf Basis kurioser Teste. Zum Beispiel, ob ein in die Haare gesteckter Stift herunterfällt, wenn der Proband den Kopf schüttelt. Fiel der Stift heraus, galt der Proband als Farbiger, blieb der Stift stecken, war er ein Schwarzer. Oder der Testleiter presste mit Kraft eine Fingerkuppe zusammen. Aus der Farbe der nach dem Loslassen verfärbten, weil blutleeren, Fingerkuppe wurde auf die Rassenzugehörigkeit geschlossen. Noch Fragen dazu?

Die Rassenordnung bestimmte fortan das gesamte Leben. An öffentlichen Orten war eine strikte Trennung von ‚Weiß' und ‚Nicht-Weiß' vorgeschrieben.

1950 wurde mit dem ‚Group Areas Act' die Trennung der Wohngebiete festgeschrieben. In städtischen Gebieten wurden separate Wohnbereiche für die einzelnen Rassen geschaffen.

So fing alles an. Und die Geschichte nahm ihren Lauf. Der Zeitzeuge Noor Ebrahim berichtet nun, was er damals genau erlebt hat und wie fortan sich sein Leben dramatisch änderte.

8. Noor hat es (üb)erlebt

„Hello", sagt mit leiser Stimme Noor Ebrahim, „ ... zeigt die Caledon Street oder die Klip Street – hier stand unser Haus, dort die Firma, erzählt er. Noors Großvater war Ende des 19. Jahrhunderts aus Indien eingewandert, Großmutter Miriam stammte aus Schottland. In dem Stadtteil, der knapp 100 Jahre später als ‚District Six' ein Symbol der menschenverachtenden Apartheitspolitik Südafrikas wurde, begründete der Großvater eine Brauerei für Ingwerbier und stieg zu einem geachteten Geschäftsmann auf. Sein Enkel hielt die Zerstörung und später die Entwicklung von ‚District Six' in Bildern fest und beschrieb die Ereignisse in einem lesenswerten Buch. Was er und andere Vertriebene retten konnten, nachdem ihr Lebensraum am Fuß des Tafelbergs gegen Ende der 60er-Jahre plötzlich zum Wohngebiet für Weiße erklärt wurde und sie ihn verlassen mussten, steht heute im Museum. Herr Noor schlendert von Vitrine zu Vitrine und erzählt, wie bunt der Alltag war im Viertel, in dem Muslime, Christen, Farbige, Händler und Künstler nebeneinander lebten. Wie das Unheil Straße für Straße näher an sein Haus heranrückte, Freunde und Familienmitglieder zwangsumgesiedelt irgendwo im Ghetto der Cape Flats verschwanden und Bagger ihre Häuser dem Erdboden gleichmachten. Wie es dann schließlich ihn selbst traf und ihm ganze vier Wochen blieben, um seinen Hausstand mit zwei kleinen Kindern aufzulösen und ein neues Heim zu finden. Kurz vor dem Abriss des Hauses rettete Noor sein Straßenschild, das nun ausgestellt ist. Und er kaufte sich eine Kamera, mit der er alle Stadien der Zerstörung festhielt." (aus Dumont Südafrika, 2018)

Noor freut sich über jeden Leser seines Buches über „District Six". Atemberaubend. Oder kommt doch einfach mal in seinem Museum vorbei. Vorab: Es ist nichts für Zartbesaitete.

9. Miriam war auch engagiert

Noor hat von Anfang an die Entwicklung des bereits zwei Jahre nach der Errichtung der Südafrikanischen Union gegründeten ‚ANC' verfolgt. 1912 riefen der Anwalt Pixley Seme, die Geistlichen John L. Dube, Walter B. Rubusana sowie der Autor Sol Plaatje den Afrikanischen Nationalkongress (ANC) ins Leben. Er war keine elitäre Organisation, stand grundsätzlich allen offen, egal welcher Hautfarbe. Man akzeptierte das Christentum genauso wie die englische Sprache. Oberstes Ziel der Widerstandspartei war von Beginn an das Erlangen voller Bürgerrechte. Lange Zeit opponierte die ANC friedfertig durch Boykotte und Streiks. So organisierte man bereits in den 1920er Jahren Streiks der Minenarbeiter, um die schlechten Arbeitsbedingungen zu verbessern.

Der ANC wurde immer mehr zur Massenorganisation. Hunderttausende befolgten die Aufrufe zu Demos oder Streiks. So auch 1946, als rund siebzigtausend schwarze Minenarbeiter auf die Straße gingen. Man kämpfte gegen Passgesetze, wonach im innerstädtischen Bereich alle Nicht-Weißen jederzeit ein persönliches Dokument mit sich führen mussten, um sich als Arbeitnehmer ausweisen zu können. Die Antwort darauf war, dass die umstrittenen Pässe massenweise verbrannt wurden.

Diung versuchte unentwegt Menschenrechtsaktivisten des ANC und anderer Gruppen an ihrer Arbeit zu hindern, indem sie diese bannten. Des Weiteren löste die Regierung häufig Treffen des ANC auf. Das alles geschah auf der Grundlage neuer Gesetze, vor allem des ‚Suppression Act of Communism' von 1950.

Einigen ANC-Mitgliedern gingen die meist friedlichen Aktionen nicht weit genug. So gründeten sie 1959 eine weitere Widerstandsorganisation, den Pan Africanist Congress (PAC). Im Gegensatz zum ANC verwarf der PAC die offene Haltung gegenüber allen Rassen. Er positionierte sich als reine Schwarzen-Organisation und lehnte jegliche Zusammenarbeit mit den Weißen ab.

Später gründete auch der ANC einen bewaffneten Flügel namens ‚Umkhonto we Sizwe', was in etwa ‚Speer der Nation' bedeutet. Nelson Mandela selbst war der Anführer. Ein Jahr vor der Gründung des bewaffneten Flügels des ANC endete eine vom PAC organisierte Demonstration im Township Sharpeville in einem Blutbad, das in Panik geratene Polizisten anrichteten. Neunundsechzig Afrikaner fanden den Tod. Dieses Ereignis löste nationale Unruhen aus, welche die südafrikanische Regierung eisern bekämpfte. Rund zwanzigtausend Demonstranten wurden verhaftet. Der PAC als auch der ANC wurden verboten.

Beide Organisationen operierten fortan aus dem Untergrund. Führende Köpfe wie Nelson Mandela oder Walter Sisulu wurden letztendlich 1964 im ‚Rivonia-Prozess' zu lebenslanger Haft verurteilt. Das Gericht warf ihnen Beteiligung an Sabotageakten und Staatsverrat vor. Es sollte lange 27 Jahre dauern, bis sie das Licht der Freiheit wieder erblicken durften.

In den späten 1960er Jahren entstand in Kirchen und Schulen in Anlehnung an die Black-Power-Bewegung in den USA die ‚Black-Consciousness-Bewegung'. Hervorgerufen durch das neue Selbstbewusstsein der Schwarzen sahen sie die Kultur der Weißen nicht mehr als übermächtig. Sie lehnten diese mehr und mehr ab und fokussierten sich auf ihre eigenen Werte. Künstler wie Miriam Makeba engagierten sich für einen weltweiten Boykott des Apartheidregimes. Die Folgen waren heftige Studentenunruhen. Am 16. Juni 1976 boykottierten Schüler in Soweto den Unterricht.

Hastings war dabei. Hector auch. Noor hörte davon. Er lebte damals noch in seinem eigenen Haus in Kapstadt in ‚District Six'.

10. Nelson ist omnipräsent

Ladies and Gentlemen, keine Sorge, ich bin nicht von den Toten erstanden. Obwohl, wenn ich mir anschaue, wie meine Nachfolger mit unseren Errungenschaften umgingen, würde ich gerne noch einmal kräftig mitanpacken. Sorry, mein Name ist Nelson Rolihlahla Mandela, geboren am 18. Juli 1918 in Mvezo, Transkei, gestorben am 5. Dezember 2013 in Johannesburg. Inwieweit mein Xhosa-Name ‚Rolihlahla' (Unruhestifter) mein Leben prägte, überlasse ich der Interpretation der Nachwelt.

Als ich am 11. Februar 1990 durch das Tor des Victor-Verster-Gefängnisses in J'burg schritt, stand für mich fest, dass trotz 27 Jahre Haft, darunter viele auf der berüchtigten ‚Robben Island', nicht Rache sondern Versöhnung meine neue Agenda bestimmen sollte. Und so kam es auch. Wir konnten nach zähem Ringen die Apartheit überwinden. Was sagte ich anlässlich meiner Amtseinführung als Präsident einer vereinten Nation im Jahre 1994: „Wir sind aufgerufen, eine Gesellschaft zu errichten, in der alle Südafrikaner, Schwarze wie Weiße, mit stolz erhobenem Kopf gehen können ... eine Regenbogennation im Frieden mit sich selbst und mit der ganzen Welt."

Ich, der Unruhestifter, wünsche mir, dass meine Werte und Erfahrungen aus unserem langen Kampf nicht in Vergessenheit geraten, und Mut machen, den eingeschlagenen Weg konsequent weiter zu gehen:

- Auch mit einer Umarmung kann man einen politischen Gegner bewegungsunfähig machen.

- Bildung ist die mächtigste Waffe, um die Welt zu verändern.

- Das Größte, was man erreichen kann, ist nicht, nie zu straucheln, sondern jedes Mal wieder aufzustehen.

- Dich selbst klein zu halten, dient nicht der Welt.

- Die Fähigkeit zum Kampf wird im Kampf gewonnen.

- Einem Menschen seine Menschenrechte verweigern bedeutet, ihn in seiner Menschlichkeit zu missachten.

- Es erscheint immer unmöglich, bis es vollbracht ist.

- Ich habe gelernt, dass Mut nicht die Abwesenheit von Furcht ist, sondern der Triumph darüber. Der mutige Mann ist keiner, der keine Angst hat, sondern der, der sie besiegt.

- Jeder kann über sich hinauswachsen und etwas erreichen, wenn er es mit Hingabe und Leidenschaft tut.

- Nicht die Gewehrkugeln und Generäle machen Geschichte, sondern die Massen.

- Niemand wird geboren, um einen anderen Menschen zu hassen. Menschen müssen zu hassen lernen und wenn sie zu hassen lernen können, dann kann Ihnen auch gelehrt werden zu lieben.

- Sich ernsthaft um andere zu sorgen, sowohl im privaten wie öffentlichen Leben, würde uns der Welt, nach der wir uns so sehnen, sehr viel näher bringen.

- Wenn Du Frieden schließen willst mit Deinem Feind, dann arbeite mit ihm. Dann wird er Dein Partner.

- Für den Erfolg ist nicht ausschlaggebend wo du beginnst, sondern wie hoch du hinaus willst.

11. Robby startet durch

Ich bin Robby, Startup-Unternehmer, Besitzer eines Restaurants in Pimville Soweto. Du hast schon richtig gelesen, Soweto, Kurzform für ‚South Western Townships'. Offiziell wurde Soweto 1963 als Zusammenschluss mehrerer Townshipsiedlungen im Südwesten der Industriemetropole Johannesburg gegründet. „Restaurant in Soweto, hä?" denkt manch einer, der einen Einblick in die Slums hier bekommen hat.

Okay, okay, ich weiß, allein hier in Kliptown leben knapp fünfzigtausend Menschen in kleinen Häuschen oder Wellblechhütten unter Bedingungen, wie man es sich in Westeuropa noch nicht einmal vorstellen möchte: Bis zu hundert Familien teilen sich einen Brunnen, Strom gibt es nicht und wenn, dann nur über illegales Anzapfen, keine befestigten Wege. Regnet es, versinken große Teile von Soweto im Schlamm. Armut wohin man schaut; eine Arbeitslosenquote von 70%, unzählige HIV-Infizierte, man schätzt ca. 25% der Bevölkerung, Drogendealer, Junkies und Bandenkriminalität. Kliptown ist eine Siedlung mit mehr als hundert Jahren Vergangenheit, überwiegend von Ärmeren bewohnt und gehörte, wie einige Favelas in Brasilien, einst zu den gefährlichsten Orten der Welt. Es gab viel zu tun, und es gibt viel zu tun, keine Frage. Aber es hat sich nach 1994 in der Ära Mandela und danach bereits eine Menge getan. Toll, dass 2011 die Universität Johannesburg ihren neu eingerichteten und komplett sanierten Soweto-Campus eröffnete. Das war ein Meilenstein für unsere Weiterentwicklung. Ich teile absolut die Meinung Mandelas, dass Bildung oberste Priorität hat, um langfristig aus der Massenarmut heraus zu kommen. Und dass es funktionieren kann, sieht man bei mir. Auch ich kam aus der Gosse, genauso wie mein Nachbar. Toll, was der geleistet hat. Aber, er wird es euch später selbst erzählen.

Unsere Stadtentwicklungsprojekte stehen unter dem Motto ‚Hilfe zur Selbsthilfe'. So haben sich zum Beispiel viele Einwohner Sowetos in Nachbarschaften organisiert, um sich vor Kriminellen zu schützen. Wir dürfen nicht darauf warten, dass immer erst von staatlicher Seite etwas kommt. Nein, wir müssen aktiv sein und selbst Hand anlegen. Das ist zwar nicht einfach, aber es geht. Glaubt mir, es war ein beschwerlicher Weg bis zu meinem ‚Robby's Place' hier in Pimville. Gegenüber ist übrigens der Soweto Country Club. Dieser Golfclub gehört ebenso zu unserem aufstrebenden Viertel wie der ganz in der Nähe liegende Walter Sisulu Platz in Kliptown, dem Ort, an dem die berühmte Freiheitscharta unterzeichnet wurde. Es hat sich hier im Laufe der letzten Jahre eine Art Mittelstand entwickelt mit Kleinunternehmern, wie unserem Haircutter, der stellvertretend für den Aufbruch in bessere Zeiten steht.

So, jetzt habe ich genug geredet. Meine Leute rufen schon nach mir. Der Laden ist mal wieder rammelvoll. Nicht zum ersten Mal seitdem Studiosus mich hier entdeckt hat. Und das nicht ohne Grund. Die südafrikanische Küche ist ebenso vielfältig wie die Völker unserer Regenbogennation und überrascht immer wieder mit neuen Aromen. Hier bei mir essen die Touristen gemeinsam mit den Einheimischen. Apartheit, das war einmal. Und hoffentlich nie wieder. Ich wünsche guten Appetit oder auf Xhosa: ‚Ukutya okulungileyo'. ‚Chakalaka' kommt auf den Tisch, ein traditionelles Townshipgericht. Aber Vorsicht. Nicht jeder mag es gleich ‚spicy'.

12. Weenwele ist auch dabei

Hallo Leute, ich bin Weenwele, was bei den Xhosa ‚Friseur' heißt. Einer meiner besten Kunden ist übrigens Robby, ihr kennt ihn schon. Klar dass der Wert auf ein gepflegtes Aussehen legt.

Wenn mich Touris zum ersten Mal in meinem Salon hier in Soveto sehen, erkenne ich schnell an ihrem Gesicht, was sie denken. Aber, was ist wichtiger: Ambiente, Ledersessel, Kunstlicht, Schnickschnack, oder die Bereitschaft, sich ständig weiterzuentwickeln, offen für Neues zu sein?

Ich, jedenfalls, kann mit Schere und Rasiermesser schon ziemlich gut umgehen und mich auch schnell auf wechselnde Haarmoden einstellen. Glaubt ihr, meine Kollegen und ich würden uns nicht ab und zu im Internet schlau machen, was Frau oder Mann so auf dem Kopf wünscht? Der Bedarf scheint mir hier sowieso größer zu sein, da meine Landsleute wohl weniger unter Haar(total)ausfall leiden. Das nur ganz nebenbei.

Abgesehen davon trauen wir uns hier auch zu, mal einen ganz eigenen Look zu kreieren. Und, falls ihr einen Kontakt zu WELLA oder anderen Lieferanten herstellen könnt, ich sehe auch für die bei uns großes Potenzial. Also, zeigt mir eure Networking-Qualitäten. Danke im Voraus.

Robby hat vorher bereits unseren Thulani ins Gespräch gebracht. Echt stark was der entwickelt hat. Ich sage nur KYP.

13. Thulani zeigt es allen

Ich, Thulani, war wie fast alle hier nach wenigen Jahren Primary School arbeitslos. Was tun? Dealen oder sich einer kriminellen Gang anschließen kam für mich nicht infrage. Ich wollte raus aus dem Elend, träumte von einem anderen, einem besseren Leben. Dass ich dafür etwas tun musste, war mir klar. So schlug ich mich zunächst als Gelegenheitsarbeiter durch und sparte etwas Geld.

Ich schaffte es auf die Secondary School. Danach studierte ich Kommunalentwicklung und kehrte nach dem erfolgreichen Abschluss wieder nach Kliptown zurück. 2007 gründete ich zusammen mit Freunden in den leerstehenden Räumlichkeiten einer früheren Missionsstation das KYP, ‚Kliptown Youth Program'.

Mit viel Enthusiasmus und Engagement sorgen wir dafür, dass Kinder und Jugendliche morgens ein Frühstück bekommen und nicht hungrig in die Schule gehen müssen. Am Nachmittag werden sie von Tutoren betreut, die mit ihnen lernen. Ältere Schüler bekommen Unterstützung bei der Suche nach Nebenjobs, um Schulbücher, Schuluniformen und Computer kaufen zu können. Heute gibt es dort sogar einen PC-Raum mit Internetzugang. Es wird viel Sport getrieben und natürlich auch Musik gemacht. Das Programm wird finanziert über private Spenden, kaum staatliche Zuwendungen. Toll, dass mittlerweile auch große Reiseveranstalter wie zum Beispiel Studiosus mitziehen und KYP mit ihren Gruppen besuchen.

Die Kids danken es euch mit leuchtenden Augen, nicht nur beim traditionellen ‚Gum Boot Dance', der mit viel Temperament und Lebensfreude vorgetragen wird. 400 Kinder sind derzeit im Programm. Das ist zwar nur ein Tropfen auf den sprichwörtlich heißen Stein, aber es zeigt, wie es gehen kann. KYP ist heute ein sicherer Ort für unsere Kinder, um zu lernen, Spaß zu haben, zusammen zu arbeiten und sich darauf vorzubereiten, erfolgreich zu sein. Wir stärken damit die nächste Generation und haben einen Kreislauf initiiert, in dem frühere Mitglieder zurückgeben, um neuen Kindern zu helfen, sich aus der Armut zu befreien. Wir sind bereit, alles was wir haben zu geben. Aber wir brauchen auch weiterhin Hilfe von außen. Gemeinsam sind wir stärker.

14. Smiley kennt sich aus

Hallo Leute, good morning, my name is Smiley. Ich bin euer Ranger für die heutige Safaritour.

Nicht nur er strahlt über das ganze Gesicht. Auffallend seine makellos blendend weißen Zähne. Immer im Jeep bleiben, rät Smiley, möglichst nicht sprechen, aufmerksam und mit allen Sinnen die Umgebung wahrnehmen. In jeder Minute. Und ganz egal, welchen Tieren wir begegnen: Unter keinen Umständen aussteigen oder gar weglaufen! Das Strahlen in seinem Gesicht hat sich verflogen und man kapiert schnell, dass dieser Rat mehr als nur eine laue Warnung ist.

Plötzlich fühlt man sich als Safarinovize klein und verletzlich. Habe ich nicht neulich von Löwen gelesen, die einen Menschen gefressen haben sollen? Solche und ähnliche Gedanken schwirren manchem durch den Kopf. Der eine oder andere nestelt plötzlich an seiner Ausrüstung herum, prüft die Wirksamkeit des Reißverschlusses seiner Windjacke. Aufmerksam wandert unser Blick über die Savanne. „Glaubt mir, hinter jedem Busch kann ein Leopard, aus einem Dickicht ein Elefant auftauchen."

Aber zunächst entdecken wir nur einen tellergroßen Haufen, hinterlassen von einem Elefanten.

Smiley bremst abrupt, bringt seinen Jeep zum Stehen und erteilt uns die erste Lektion im Spurenlesen. Wir hören gespannt zu, sind beeindruckt von seinen Ausführungen. Wahnsinn, was ein erfahrener Ranger, und das ist Smiley wirklich, so drauf hat. Nach kurzer Zeit wissen wir eine ganze Menge über das Verdauungssystem der Elefanten, ihre Hinterlassenschaften und deren Bedeutung für die Natur. Sehr lehrreich.

Dann wendet er sich einem Fußabdruck zu und erläutert, wann das Tier hier war, welche Richtung der Riese eingeschlagen hat, er schnell oder langsam gegangen ist, ob es ein Bulle oder eine Kuh war. Wir sind total konzentriert auf seine Ausführungen und bemerken erst im letzten Moment eine Hyäne, die den Weg kreuzt. Eine Mischung aus Anspannung und Neugier macht sich plötzlich breit. Smiley lächelt uns an – er scheint nicht nur mit uns zufrieden zu sein.

„Übrigens, habt ihr schon mal was von den ‚Big Five' gehört? Bestimmt, aber, wer kennt die traurige Geschichte, die sich dahinter verbirgt? ‚Big Five' stammt aus Zeiten der Großwildjagd, als es primär darum ging, wie schwierig und gefährlich es war, ein Tier zu erlegen. Diese galten als so gefährlich, dass sie selbst abgebrühten Großwildjägern Nervenkitzeln und Furcht einflößten.

Glücklicherweise wurden mittlerweile die meisten Feuerwaffen gegen Kameras ausgetauscht. Das einzige, was heute auf Safari noch geschossen werden darf, sind Fotos. Also haltet die Augen auf – und schießt los. Die Nummer 1 der Big Five wartet bereits auf euch.

Der „König der Tiere", der **Löwe**, führt natürlich die Liste an. Die einzige Großkatze Afrikas, übrigens auch die einzige mit einem ausgeprägten Sozialverhalten, tritt in Rudeln von bis zu 30 Tieren auf und ist bekannt für ihre ausgeklügelte Jagdtaktik. Sie erlegen meist Antilopen, Zebras und Warzenschweine, können aber in größerer Anzahl auch Beutetiere wie Giraffen und Büffel schlagen.

Deutlich kleiner, aber nicht weniger gefürchtet ist der **Leopard**. Die wunderschönen Raubkatzen sind Einzelgänger und extrem scheu. Als Kletterkünstler und Jäger aus dem Dickicht ziehen sie sich gerne in Baumkronen oder erhöhte Steinformationen zurück. Besonders kräftig gebaut, jagen sie gezielt aus dem Hinterhalt und können ihre Beute – meist kleine Antilopen wie Impalas, Warzenschweine oder junge Gnus – trotz mehrfachem Eigengewicht auf Bäume hieven.

Zu den ‚Big Five' gehört auch der **Büffel,** bekannt als der ‚Schwarze Tod'. Allein umherziehende Bullen sind ohne den Schutz der Herde besonders aggressiv und greifen sofort an. In bestimmten Regionen wie dem Chobe oder Hwange Nationalpark treten sie in Herden mit bis zu mehreren hundert Tieren auf."

Wir lauschen den Ausführungen von Smiley als kaum 200 Meter von uns entfernt tatsächlich Büffel auftauchen. Der Wind steht günstig, wir sind nicht in Gefahr, flüstert Smiley. Beruhigend, gehören Büffel neben Hippos doch zu den gefährlichsten Tierarten Afrikas.

Das „Big" in „Big Five" definiert allerdings kein Tier so gut wie der **Elefant.** Manche sagen, das bis zu vier Meter hohe und sechs Tonnen schwere Tier wäre der wahre ‚König der Tiere'. Warum? Wer Zeuge eines Aufeinandertreffens zwischen Elefant und Löwe an einem Wasserloch war, weiß Bescheid. Schreitet der Dickhäuter gemütlich mit gelegentlichem Trompeten heran, weicht jeder – auch das größte Löwenmännchen.

Das zweitgrößte Landsäugetier der Erde ist leider auch eines der gefährdetsten. Die in Afrika vorkommenden **Nashörner** werden seit Jahrzehnten wegen ihres Horns, das in Asien und im Nahen Osten als Allheilmittel gilt, gewildert. Streng genommen ist nur das Spitzmaulnashorn aufgrund seiner aggressiveren Natur Teil der ‚Big Five'.

Das häufigere Breitmaulnashorn kommt vor allem in Südafrika vor, im Krüger Nationalpark und der Sabi-Sand-Region. Der Name stammt von dem breiten Maul, welches dem Tier erlaubt große Massen von Gras auf einmal zu fressen. Das Spitzmaulnashorn – vor allem in der Buschlandschaft und Savanne Namibias und Ostafrikas wie der Serengeti, Ngorongoro und Masai Mara beheimatet – zupft mit seinen schmalen Lippen Blätter und Knospen von Büschen.

So, was haltet ihr davon, wenn wir auf unserer Safaritour einzelne Bewohner direkt zu Wort kommen lassen. Laßt euch überraschen, was Chillo, Nikki, Ali, Mdune etc. zu erzählen haben.

15. Chillo ist gerne Boss

Hallo, hier spricht Chillo, das größte Landraubtier in Afrika. Mein wissenschaftlicher Name ist ‚Panthera leo'. Menschen gegenüber bin ich sehr scheu. Warum? Erfahrung macht klug. Zumindest ist das bei uns Löwen in der Savanne so. Ich lasse da lieber meinen Weggefährtinnen den Vorrang, die sich eher fotografieren lassen.

Obwohl in den letzten Jahren große Anstrengungen unternommen wurden das Wüten der Bestie ‚Homo sapiens' einzudämmen, ist sie für uns unverändert eine sehr ernst zu nehmende Gefahr. Ich denke vom Neandertaler bis ins Zeitalter der Transformation mit permanenter Beschleunigung hat sich nicht allzu viel verändert. Woran das wohl liegen mag? Homo sapiens!?

Wer mal darüber nachgedacht hat, weiß, warum der Löwe das beliebteste Wappentier ist: Er symbolisiert Mut und gilt als König der Tiere. In der Geschichte wird die königliche Symbolik wiederholt aufgegriffen, um Machtansprüche anzumelden oder zu bekräftigen. Das fing schon früh an, zum Beispiel mit Heinrich dem Löwen (1130 – 1195). Dieser stammte aus der Familie der Welfen, einem bereits im 8. Jahrhundert auf der geschichtlichen Bildfläche auftauchenden fränkischen Fürstengeschlechts. Der gebürtige Schwabe, in den Annalen als stattlich, gutaussehend und clever beschrieben, machte schnell Karriere mit unzähligen Eroberungen, territorial und geschlechtsspezifisch.

Die von uns Löwen ausgehende Faszination wird bis heute durch die Vielzahl von Wappen deutlich, auf denen wir in verschiedensten Farben und Formen abgebildet sind. Und fast hätten es die ‚Three Lions' 2018 ins WM-Finale geschafft.

Warum die griechische Mythologie bei uns in der Savanne weiter leben muss verstehe ich nicht. Obwohl nicht wirklich wissenschaftlich nachzuweisen, wurde der Nemeische Löwe als eine menschenfressende Bestie dargestellt. Ihn zu töten war eine der zwölf Aufgaben des Herakles.

Wenn ich mir so die heutigen Herakles in den Jeeps betrachtete, vergeht mir fast das Brüllen. Sie kämpfen heute wohl behütet in ihren rollenden Stahlkarossen weniger mit natürlichen Gegnern als mit überflüssigen Pfunden und den Tücken der Technik ihrer Waffen, seien es megacoole Objektive, Kompaktkameras oder Camrecorder. Wie dem auch sei, damit kann ich ganz gut leben, vorausgesetzt sie stören mich nicht beim Chillen.

Leider erfahren die wenigsten Safaritouristen, dass uns Löwen zwei Krankheiten sehr zu schaffen machten. 1995 trat hier im Kruger Nationalpark zum ersten Mal ein tödlicher Fall von Tuberkulose auf. Untersuchungen ergaben, dass im südlichen Bereich des Nationalparks mehr als 90 Prozent unseres Bestands mit den tödlichen Bakterien infiziert waren. Die Infektion stammte von Büffeln, die von uns gejagt wurden und durch den Kontakt mit infizierten Hausrindern die Krankheit in den Park gebracht haben. Bei uns Löwen greift diese Krankheit vor allem das Verdauungssystem an. Man wird schwächer und schwächer, magert ab und stirbt innerhalb weniger Jahre. Das ist durchaus vergleichbar mit Entwicklungen beim sogenannten zivilisierten Menschen, der spätestens nach Erscheinen des Buches ‚Darm mit Charme' von Giulia Enders wissen sollte, dass der Tod im Darm lauert.

Neben Tuberkulose gibt es eine zweite für uns gefährliche Krankheit. Mehr als die Hälfte von uns ist mit einem Virus namens FIV (Feline Immunodeficiency Virus) infiziert, einem HIV ähnlichen Krankheitserreger, der die Immunabwehr angreift und so der Tuberkulose den Weg ebnet.

Spätestens jetzt sollte klar sein, dass unser Bestand geschützt werden muss. Was wäre eine

Welt ohne den König der Tiere, eine Safari ohne mich, den König der Big Five?

Wie in jedem Rudel gibt es auch bei uns Gesetze, die wir allerdings nicht in dicken Büchern festhalten, sondern Tag für Tag leben und konsequent einfordern. Jeder Boss sollte meines Erachtens wissen, dass sein Rudel nicht allzu lange Bestand hat, wenn jeder macht was er will. Das gilt besonders für junge Mitglieder. Ich fasse es für uns mal so zusammen: Die gestandenen Männer sind die uneingeschränkte Nummer EINS. Zweitens: Wir überlassen in der Regel den Frauen das Jagen. Aber auch in Fragen der Paarung dürfen diese mitreden. Drittens: Neue Rudelführer schrecken nicht vor Gräueltaten (Infantizid) zurück. Warum? Nur die Gene der Stärksten sollen überleben sollen und nicht die der unterlegenen Vorgänger. Verstanden?! Und viertens: Unser Revier ist uns heilig. Es sei denn, wir werden verstoßen und müssen allein sehen wo wir bleiben.

Unsere Reviere können mehrere hundert Quadratkilometer umfassen, klar markiert mit Kot, Urin und Scharrspuren. Im Übrigen benötige ich weder Twitter noch andere soziale Medien um meinen Anspruch als Revierinhaber hörbar geltend zu machen. So weit sind wir noch nicht.

Junglöwen gehen bereits mit drei Monaten zum ersten Mal jagen, mit der Mutter. Früh übt sich, wer ein Meister werden möchte. Wer im Alter von zwei Jahren allerdings die Jagdkunst nicht erlernt hat, geht mageren Zeiten entgegen. Halbwüchsige Männchen sind mit etwa drei Jahren geschlechtsreif. Dann heißt es Abschied nehmen. Vollpension im Hotel ‚Mama' gibt es bei uns nicht. Sie müssen das Rudel verlassen, streunen umher und schließen sich oft anderen nomadisierenden Männchen an. In dieser Zeit legen sie zum Teil große Strecken zurück. Da sie keine Reviergrenzen respektieren, heißt es immer wieder kämpfen, kämpfen und noch mal kämpfen.

Wer ein eigenes Rudel erobern möchte, dem bleibt nur eine Möglichkeit: Er muss die alten Revierbesitzer vertreiben, das heißt, sie im Kampf besiegen. Rangordnungskämpfe sind bei uns kein Spektakel für zart Besaitete. Blut fließt auf beiden Seiten. Unterlegene Rudelführer werden vertrieben. Auf sie wartet ein Leben als Einzelgänger. Oft sterben sie auch an den Folgen ihrer Kampfverletzungen.

Auf dem Speiseplan von uns Nichtvegetariern stehen an erster Stelle ordentliche Fleischhäppchen von Antilopen, Gazellen, Gnus und Zebras.Für die Jagd bevorzugen wir die Dunkelheit beziehungsweisen die kühleren Morgenstunden.

Tagsüber lassen wir es gerne ruhig angehen. Chillen und abhängen ist angesagt. Da wir nicht gerade ausdauernde Läufer sind, halten wir unsere Höchstgeschwindigkeit von bis zu 60 km/h nur kurz durch. Daher müssen wir uns bis auf einige Meter an unsere Beute heranpirschen. Die Löwinnen umkreisen ihre Beute und schleichen sich geduckt oft über mehrere hundert Meter an sie heran. Je näher sie der Beute kommen, desto wichtiger wird die Deckung. Ab einer Distanz von etwa 30 Metern springt die Löwin ihre Beute mit mehreren Sätzen an. Ein Sprung kann dabei bis zu 6 Meter lang sein. Da wir meist in offenen Gebieten jagen, erhöht das gemeinsame Jagen die Chance erfolgreich zu sein.

Wir Männer beteiligen uns nur in Ausnahmefällen an der Jagd, beispielsweise in Mangelzeiten oder wenn sehr große Beutetiere wie Büffel angegriffen werden. Nach dem Jagderfolg gilt wieder die Rangfolge im Rudel: Zuerst der Boss, es folgen die ranghöchsten Weibchen, zuletzt die Jungen. Selbst am Kadaver kommt es zu Rangkämpfen, bei denen sich der eine oder andere blutige Wunden holen kann.

Wenn es ums Fressen geht, ist auch bei uns Schluss mit lustig. Aber wem erzähle ich das. Ich sage nur ‚Homo sapiens'.

16. Nikki liebt den Überblick

Hallo Fremde/r, ich bin die Nikki. Keine Scheu, ich bin hier geboren und groß geworden. Kenne mich also wirklich gut aus in meinem Revier.

Ich bin leider kein offizielles Mitglied der Big Five. Warum? Wahrscheinlich weil auch der blindeste Großwildjäger mich kaum übersehen kann. Aber bitte keine vorschnellen Schlüsse auf meinen Charakter, nur weil ich dich von oben herab betrachte. Das ist bei mir ausschließlich anatomisch bedingt. Würde ich mich auf dein Höhenniveau einlassen, würde mir das Blut in den Kopf schießen und es wäre Schluss mit lustig.

Übrigens, das Wort Giraffe stammt aus dem Arabischen ‚Zarāfa‘ und bedeutet so viel wie ‚die Liebliche‘. Man sagt, dass die Römer uns ’camelopardalis‘ nannten, weil wir sie an eine Mischung aus Kamel und Leopard erinnerten. Daher kommt auch mein wissenschaftlicher Name: ‚giraffa camelopardalis‘.

Aus meiner Sicht lebe ich hier im Paradies. Wohin ich schaue Natur pur. Damit ist auch die Futterfrage an sich kein Problem. Hier oben in meinen Regionen gibt es normalerweise kein Gedränge an der Futtertheke. Ein Traum für einen Vegetarier wie mich, der als Laubfresser Blätter und Triebe aus den Kronenregionen der Bäume, besonders von Schirmakazien, bevorzugt. Ich kralle mir einfach einen Zweig mit meiner Zunge, führe ihn in das Maul und weide durch Zurückziehen meines Kopfes die Blätter ab. Viele andere Säugetiere sind neidisch auf meine Zunge und Lippen, die so beschaffen sind, dass ihnen auch dornige Äste nichts antun können.

Meine Hauptbeschäftigung besteht aus Futtern. Bis ich täglich meine ca. 30 kg Nahrung zu mir genommen habe, können schon mal zwanzig Stunden vergehen. Was viele nicht wissen: Ich bin trotz meines langen Halses ein Wiederkäuer, der seinen Flüssigkeitsbedarf überwiegend aus der Nahrung deckt. Wusstest du, dass ich daher wochenlang ohne Trinkwasser auskomme? Wenn ich ausnahmsweise doch mal was trinke, muss ich meine Vorderbeine ziemlich weit spreizen. Und dann ist Eile geboten. Du verstehst?

Toll finde ich, dass wir Giraffen hier in der Wildnis kaum Feinde haben. Sieht man einmal von den Wilderern und Großwildjägern ab, die ich abgrundtief hasse, können wir, wenn wir ausgewachsen sind, uns mit gezielten Schlägen unserer Hinter- und Vorderläufe fast alle Angreifer vom Leibe halten. Da steckt echt Power dahinter. Manch einer wollte es nicht glauben, bis es ihn das Leben kostete. Löwen, Leoparden, Hyänen oder Wildhunde wissen das und verhalten sich entsprechend zurückhaltend. Das gilt allerdings nicht für unseren Nachwuchs. Daher erreichen nicht mal die Hälfte unserer Jungtiere trotz des Schutzes durch die Mutter das Erwachsenenalter. Traurig, traurig.

Junge Männchen formen vor der Geschlechtsreife eigene Verbände, ehe sie zu Einzelgängern werden. Treffen sich zwei Bullen, kommt es schnell zu einem ritualisierten Kampf, bei dem die Kontrahenten nebeneinander stehen und ihren Kopf mit den beiden zapfenartigen Hörnern gegen den Hals des Konkurrenten schlagen. Besonders heftig werden diese Kämpfe, wenn das weibliche Geschlecht lockt. Testosteron pur. In der Paarungszeit können die Kämpfe extrem aggressiv ausarten mit zum Teil heftigen Verletzungen. Aus meiner Sicht als Frau wäre es viel besser, wenn unsere Bullen die Kampfart wechseln würden. Triathlon käme für die aus anatomischen Gründen weniger infrage. Dafür Sprints um so mehr. Ich kenne Zeitgenossen, für die Usain Bolt eine ‚lame duck' ist, erreichen sie doch locker Spitzengeschwindigkeiten von 55 km/h. So viel dazu aus meiner Sicht.

Bin ich mal nicht mit Futtern beschäftigt, widme ich meine Zeit psychologischen Studien. Mein Lieblingsthema ist das Verhalten des sogenannten

‚homo sapiens', dessen Wiege angeblich in unseren Breiten hier liegen soll. Ich sage nur ‚Mrs. Plees', derzeitige Adresse Nationalmuseum in Prätoria. Diese spezielle Gattung erscheint hier überwiegend verkleidet in natooliv bzw. khakibraunen Farbtönen.

Bewaffnet mit zum Teil maschinengewehrähnlichen Objektiven feuern sie insbesondere in den ersten Stunden ihrer Safari wie die Wahnsinnigen aus ihren Jeeps heraus. Es sind meistens kleinere Herden von 8 bis 10 Neugierigen, die von einem Aufseher, sie nennen sich Ranger, unter Kontrolle gehalten werden. Zuerst habe ich nicht verstanden warum die in rollenden Käfigen gehalten werden. Mittlerweile ist mir das schon klar.

Was ich noch nicht ganz verstehe ist der physiologische Zustand dieser Zeitgenossen. Sie sitzen stundenlang in ihren Karossen, futtern aus ihren Bags, inhalieren korrosinfreie Luft, werden gepampert von Guides – und sind nach wenigen Stunden müde. Sind es die vielfältigen Eindrücke, die Gier nach dem ultimativen Shot, die welligen, harten Savannenpisten, oder ist es nur das frühe Aufstehen um vier Uhr?

Wie dem auch sei, ich stelle nun für heute meine Studien ein und organisiere mir neue Blätter. Guten Appetit ... und bis bald im Krügerpark.

17. Ali schwitzt Blut

Hallo Safaritourist, schön dass Du gewartet hast, bis ich aufgetaucht bin. Um es kurz zu machen, man nennt mich Ali. Keine Ahnung wer auf diese Idee gekommen ist. Aufgefallen ist mir jedenfalls, dass Touris insbesondere dann ihr technisches Equipment in Stellung bringen, wenn ich mein Maul aufreiße. Inwieweit dies Rückschlüsse auf euren Charakter erlaubt, will ich an dieser Stelle zunächst nicht weiter kommentieren.

Die Bezeichnung Flusspferd kommt aus dem Griechischen und setzt sich zusammen aus hippos ‚Pferd' und potamos ‚Fluss'. Hippopotamus, der wissenschaftliche Name meiner Gattung, ist die latinisierte Form des griechischen Wortes. Der Namensbestandteil ‚amphibius' bezieht sich auf meine Lebensweise im Wasser und an Land. Manch einer kennt mich auch unter dem Namen Nilpferd. Warum? Weil in der Literatur zunächst Flusspferde am Nil beschrieben wurden. Alles klar?

Von wegen. Was kaum eine/r weiß: Wir badeten vor Jahrmillionen schon in europäischen Gewässern. Damals hatte sich meine Großfamilie der Hippopotamidae über den Rhein bis nach England ausgebreitet. Heutzutage sind wir, das große

Flusspferd und das Zwergflusspferd, die letzten lebenden Vertreter unserer einst großen Familie.

Ich sage es gleich an dieser Stelle: Unsere größten Feinde sind nicht Löwen, Hyänen oder Krokodile. Denen haben wir mit unserer grimmigen Art genügend Respekt beigebracht. Nein, es ist der Mensch mit seiner Wilderei und der Zerstörung unseres Lebensraums. Das hat dazu geführt, dass wir auf der Internationalen Roten Liste (IUCN) als gefährdet bzw. stark gefährdet eingestuft werden. Während noch ca. 120.000 Flusspferde in freier Wildbahn leben, werden die Bestandszahlen wilder Zwergflusspferde nur noch auf 2.000 bis 3.000 Tiere geschätzt.

Ich habe es bereits erwähnt: Der Mensch ist unser Hauptfeind. Wir lebten früher in großen Herden über ganz Afrika verteilt. Heutzutage kannst Du uns hauptsächlich in Schutzgebieten besuchen, da deine Artgenossen uns in weiten Teilen Afrikas ausgerottet haben. Warum? Erst wegen unseres Fleisches, dann wegen der widerstandsfähigen

Haut, aus der Peitschen hergestellt werden, wegen der puren Lust am Töten und nicht zuletzt wegen der Gier nach Elfenbein. Der Handel scheint immer noch äußerst lukrativ zu sein. Und das für banale Schnitzereien und Messergriffe.

Von wegen Homo sapiens. Was weist Du schon, was hast Du tatsächlich gelernt?

Checkt man das Wissen des normalen Touristen über uns, erfährt man, dass zumindest einige wissen, dass wir ausgesprochen gute Sprinter sind und unter Wasser mehr laufen als schwimmen. Das ist gar nicht so selbstverständlich, da genetische Analysen enthüllten, dass nicht Pferde, sondern Wale unsere nächsten Verwandten sind. Und die sind bekanntlich herausragende Schwimmer. Wenn Du jetzt gerade am Staunen bist, setze ich gerne noch einen drauf: Wir Flusspferde haben eine eigene antibakterielle Sonnencreme entwickelt. Das war erforderlich, da wir Hippos nicht schwitzen können. Dafür sondern wir ein rötliches Sekret ab, das unsere Körpertemperatur reguliert und außerdem desinfizierend wirkt. Über NIVEA etc. können wir nur lachen. Du kannst jetzt wieder den Mund schließen. Hahaha.

Ja ja, es stimmt schon, ich bin ein schlechter Schwimmer. Und das, obwohl ich die meiste Zeit im Wasser verbringe. Zumindest tagsüber. Ich schlafe auf dem Grund meines Gewässers, tauche aber immer wieder auf um Luft zu holen. Ihr könnt euch aber nicht darauf verlassen, dass dies alle 5 Minuten passiert. Nein, nein, wenn ich will, kann ich auch mal bis zu 30 Minuten am Stück abtauchen. Dann müsst ihr eben warten, bis ihr das richtige Bild von mir im Kasten habt.

Es gibt Zeitgenossen, die uns als sanftmütige Dickerchen oder gar als ‚Knutschke' sehen. Ich sage da nur: Vorsicht. Schau doch einfach mal nach Einbruch der Dämmerung vorbei. Dann geht bei uns die Post ab. Meine nächtlichen Ausflüge zur Futteraufnahme können durchaus einige Kilometer umfassen. Ich kann dir nur den guten Rat geben, mir nicht zu nahe zu kommen. Ich werde ohne Wenn und Aber mein Territorium verteidigen. Okay, falls Du schneller als mit 40 bis 50 km/h unterwegs bist, hast Du eine reelle Chance.

Wenn nicht, kann es dich das Leben kosten. Bedenke auch, dass wir Pflanzenfresser gelegentlich nichts gegen eine kleine Fleischbeilage haben. Es muss nicht immer Wasserbock oder Kudu sein. Also: Attention. Und denke an das ‚Blut', das wir schwitzen. Ha ha.

18. Ndume vergisst nie

Törö törö! Wer in den 80er Jahren mit Kindern zu tun hatte, kennt Benjamin Blümchen, den niedlichen Elefanten, den nicht nur Kinder mögen.

Aber hallo, ich heiße nicht Benjamin sondern Ndume, was auf Suaheli ‚starker Mann' bedeutet. Gut was? Um es ein für alle Mal klar zu stellen, hier im Krügerpark kenne ich keinen, der sich Benjamin nennt. Und ich, Ndume, bin schon lange hier. Kein Wunder, werden wir afrikanische Elefanten doch bis zu 70 Jahre alt. Ich bin ein Savannenelefant. Mein wissenschaftlicher Name, ‚Loxodonta africana', kommt aus dem von Griechischen und steht für schräge Zähne. Kommen wir nun zu den Maßeinheiten. Elefantenkühe wiegen bis zu 5000 kg bei einer Schulterhöhe von circa 3 Meter. Ein Elefantenbulle bringt bis zu 8000 kg auf die Waage und kann auf eine Schulterhöhe von bis zu 3,7 Meter kommen. Bei Bullen werden die Stoßzähne bis zu 3 Meter lang und knapp 100 Kilogramm schwer werden.

Imponierende Zahlen was? Ich finde das echt stark, daher passt auch mein Name zu mir. Bis vor kurzem wurde gerätselt, warum wir Elefanten so alt werden können. Nun hat man es herausgefunden. Wir erkranken ganz selten an Krebs. Grund dafür ist ein eigenes Gen, wie Wissenschaftler der University of Chicago kürzlich heraufanden. Das seltene Gen LIF6, auch Zombie-Gen genannt, schütze uns vor der oft tödlichen Erkrankung, schreiben die Mediziner in der Fachzeitschrift Cell Reports. Vielleicht können eure Wissenschaftler mal nachdenken, ob sich das nicht irgendwie auf die Gattung Mensch anwenden ließe. Ich finde, es wäre die Mühe wert.

Was mich persönlich stört ist die Verallgemeinerung von uns als ‚Dickhäuter'. Das ist total irreführend, da unsere graue Haut, wie jeder halbwegs gebildete weiß, sehr empfindlich ist, insbesondere am Bauch und hinter den Ohren. Was glaubt ihr, warum wir uns durch Schlamm und Sandbäder gegen Sonnenbrand und Parasiten schützen? Auch mein Rüssel ist sehr sensibel. Genial kann ich nur sagen. 50.000 Muskeln, die reibungslos zusammen arbeiten. Damit kann ich problemlos selbst kleinste Zweige, Blätter und Gräser zupfen. Es ist nicht übertrieben, aber mit meinem Rüssel kann ich auch Wasser unter der Erde aufspüren. Hast du etwa eine eingebaute Wünschelrute in deinem Smartphone? Darüber hinaus sind wir nicht nur intelligent sondern auch sehr sozial. Wir besitzen ein sensationelles Gedächtnis und können uns jahrzehntelang Orte, Stimmen und Gerüche merken.

Also überlege dir gut, was du über uns sagst, beziehungsweise, wie du mit mir umgehst. Du kannst dir sicher sein, ich vergesse nichts. Übrigens, mit der Bezeichnung Jumbo kann ich mich durchaus anfreunden. Warum auch nicht?

Wir Elefanten kennen keine Smartphones, da wir diese nicht benötigen. Wir vertrauen unserer sozialen Intelligenz, unserem Gedächtnis und unserem bewährten Kommunikationssystem. So können wir auch weite Entfernungen mit für den Menschen nicht wahrnehmbaren niedrigfrequenten Tönen überbrücken. Es macht also keinen Sinn, wenn du einen Akustiker aufsuchst um uns verstehen zu können. Da hilft dir auch kein ultramodernes Hörgerät. Unsere zugegebenermaßen großen Ohren haben eine ganz andere Funktion: Sie dienen der Schweißabsonderungen, da wir ansonsten nicht schwitzen können. Und das bei der Hitze hier.

Wir afrikanische Elefanten haben im Gegensatz zu unseren asiatischen Kolleg/innen Stoßzähne. Das gilt für die Kühe in gleicher Weise wie für die Bullen. Die sind universell brauchbar, zum Beispiel Wasserlöcher und Mineralstoffe auszugraben, sich im Dickicht den Weg zu bahnen, Feinde abzuwehren und natürlich auch zum internen Kräftemessen. Das gilt besonders für die Bullen. Die Bedeutung der Backenzähne für uns sieht man daran, dass diese sich im Laufe eines Elefantenlebens bis zu sechs Mal erneuern.

Ich bin ein reiner Pflanzenfresser und ernähre mich von Gräsern, Wurzeln, Ästen, Blättern und Rinde. Als Beruf würde ich Landschaftsgärtner angeben, da wir unzählige Pflanzensamen verbreiten und die Savanne offen für andere Tierarten halten. Allerdings habe ich auch einen gigantischen Hunger: 200 bis 300 Kilogramm am Tag dürfen es durchaus sein. Das liegt daran, dass ich ein ganz schlechter Kostverwerter bin, beziehungsweise über eine vorzügliche Verdauung

verfüge. Falls du mich also mal auf einer Safari besuchen möchtest, einfach die Augen aufmachen. Meine Hinterlassenschaften sind wirklich nicht zu übersehen. Auch mein Durst ist nicht von schlechten Eltern: Bis zu 200 Liter Wasser kann ich auf ein Mal trinken. Auf Grund des großen Bedarfes an Futtereien und Wasser sind unsere Herden ständig auf Wanderschaft, damit die Gebiete nicht überweidet werden. Dazu komme ich später noch einmal zurück.

Natürliche Feinde haben wir so gut wie keine. Und wenn eines der großen Raubtiere wie Löwe oder Leopard mal aufmüpfig werden sollte, können wir uns gut wehren. Zudem werden unsere Elefantenkälber von der gesamten Herde geschützt und verteidigt. Einigkeit macht stark. Trotzdem ist unser Überleben auch heute noch bedroht: Das Elfenbein unserer Stoßzähne ist seit tausenden von Jahren für Schnitzereien, Schmuck, Skulpturen, als Statussymbol und Wertgegenstand begehrt. Die Wilderei für den internationalen Elfenbeinhandel ist unverändert eine große Bedrohung für uns. Wusstest du, dass trotz vieler Aktivitäten von Tierschützern jedes Jahr in Afrika etwa 20.000 Elefanten getötet werden? Zusätzlich wird unser Lebensraum immer kleiner: Acker- und Siedlungsbau, Viehzucht, Erschließung und Abholzung der Urwälder, der Abbau von Rohstoffen sowie die Zerschneidung von Wander-Routen machen uns gewaltig zu schaffen.

In Südafrika haben wir extrem schwierige Zeiten hinter uns. So zum Beispiel nahe Port Elisabeth. Laut gesicherten Berichten fand dort in den 1920er-Jahren eine extreme Vernichtungsjagd statt. Im Auftrag des Staates soll allein ein gewisser Major Pretorius in einem Jahr 114 Elefanten abgeknallt haben. Das war mit ein Auslöser für die Gründung des ‚Addo Elefant Parks'. Man stellte uns erst dann unter Schutz, als nur noch 11 Kollegen übrig waren. Elf, mehr kann ich dazu nicht sagen. Und diese waren total aggressiv. Wunderst du dich darüber? Du weißt, wir Elefanten haben ein super Gedächtnis.

Den Rangern gelang es erst mit einem Trick, langsam wieder Vertrauen zu uns aufzubauen. Sie fütterten uns mit LKW-Ladungen von Zitrusfrüchten. Lecker, lecker. Das war Balsam auf unsere geschundenen Seelen. Heute ist dort unser Bestand auf etwa 600 Tiere angewachsen. Und alle tragen angeblich ein ‚Orangen-Gen' mit sich herum. Ich bezweifle allerdings, ob da ein Zusammenhang mit dem bereits erwähnten Zombiegen LIF6 besteht. Auf der anderen Seite habe ich aber auch gehört, dass bei manchen Krebserkrankungen Vitamin C in hohen Dosen helfen soll. Prof. Pauling ist bei uns nicht unbekannt.

Auch im Krügerpark sah es Mitte der 1920er Jahre sehr schlecht aus: Ganze sechs Elefanten waren übrig geblieben. Der damalige Park-Chef James Steven-Hamilton handelte entschlossen und kaufte kurzerhand eine Herde aus Mozambique. Dank starker Kontrollen waren es 1946 bereits schon wieder 500 Tiere. Heute leben wieder über 10.000 Elefanten im Park. Gott sei Dank. Was wären Safaris denn ohne uns Elefanten? Also, engagiert euch für unseren Schutz und ignoriert zumindest solche Mitbringsel, für die unser Elfenbein verarbeitet wurde. Jeder kann einen Beitrag leisten. Oder? Die Organisation ‚Pro Wildlife' und andere freuen sich über jede Spende.

Im Moment sind wir mal wieder etwas beunruhigt. Du hast sicher auch davon gehört, dass die Nelson Mandela nachfolgenden Präsidenten merkwürdige Geschäfte zuließen. Was genau stimmt ist schwierig festzustellen. Fakt ist jedoch, dass die südafrikanische Regierung laut Umweltminister Marthinus van Schalkwyk das umstrittene Abschießen ganzer Herden ('Culling') in beschränktem Umfang wieder genehmigen möchte, weil wir plötzlich wieder einmal zu viele Elefanten hier im Nationalpark sein sollen. ,Culling' ist die brutalste Methode, Elefantenpopulationen zu verkleinern. Dabei wird uns aus Hubschraubern heraus großkalibrige Explosivmunition in die Köpfe geballert. Und das ganz systematisch: Erst die Leitkuh, damit die Herde die Orientierung verliert, dann die Bullen und zuletzt die Kälber. Bei durchschnittlichen Herdengrößen von etwa 50 Elefanten kommt dies geradezu einem Massaker gleich.

Schon zwischen 1967 und 1994 waren etwa 14.500 Elefanten auf diese Weise gekillt worden. Die Regierung stellte damals das ,Culling' nicht zuletzt nach massiven Protesten von Tierschutzorganisationen und aus Sorge um Südafrikas Image ein. Das klingt in meinen Ohren sehr wenig nach Überzeugung. Wenn der Mammon nicht rollt, unsere Ökonomie nicht wieder auf die Beine kommt, könnten sehr ungemütliche Zeiten hier auf uns wieder zukommen. So sehe zumindest ich das. Und nicht nur ich.

Der tolle Schutz den wir Elefanten hier im Krügerpark in den letzten Jahren genießen durften, hat natürlich auch seine Schattenseiten. Das ist mir durchaus bewusst. Manchmal habe selbst ich das Gefühl, dass insgesamt einfach zu wenig Platz für uns da ist. 17.000 Elefanten auf einer Fläche von 20.000 Quadratkilometern. Man muss da schon aufpassen, dass man sich nicht gegenseitig auf die Füße tritt. Und auch das Wasser wird an manchen Orten verdammt knapp. Was tun? Von allein wird sich das bestimmt nicht bessern. Ich sehe das so, dass unser südafrikanischer Staat insgesamt mit dem Thema Artenschutz überfordert ist. Wir brauchen internationale Unterstützung. Also Leute, engagiert euch für uns und unsere Familien. Es kann doch nicht sein, dass Tausende von uns dem Culling zum Opfer fallen.

Apropos Familien. Unsere Herden sind Verbände aus verwandten Elefantenkühen und ihren Kälbern. Sie können sich auch zu sogenannten ‚Clans' aus mehreren Dutzend Tieren zusammenschließen. Elefantinnen bekommen in der Regel alle drei bis vier Jahre Nachwuchs, nach einer Tragzeit von 18 bis 24 Monaten. Sie sind sehr liebevolle Mütter und bringen ihren Nachwuchs alles für das spätere Leben bei. Bei uns packen bei der Erziehung auch die Tanten oder ältere Geschwister mit an. Die Bindungen in einer Herde sind sehr eng. Verwaiste Kälber werden häufig von einer Tante adoptiert oder können bei anderen Kühen säugen. Boss einer jeden Elefantenherde ist eine Matriarchin. Die gibt unmissverständlich die Richtung vor, der Rest folgt.

Männliche Elefanten werden mit 13 bis 15 Jahren geschlechtsreif. Sie müssen dann die Herde verlassen, da wir Zoff vermeiden möchten. Die Ausgestoßenen schließen sich häufig irgendwelchen Junggesellenherden an oder bleiben Einzelgänger. Ab einem Alter von etwa 25 Jahren kommen wir in die ,Musht', eine Zeit erhöhter Testosteron-Produktion. Dann geht bei uns die Post ab. Woran könnt ihr das bei uns erkennen? Ganz einfach, schaut auf unseren Kopf, dort fließt Testosteron unübersehbar in Strömen. Und kein Neid. Ich weiß, der eine oder andere Safaritourist weiß durchaus zu schätzen, was das für das Lebensgefühl bedeutet.

Ich kann euch nur raten, uns in dieser Zeit weder zu reizen noch zu sehr auf den Leib zu rücken. Wenn es ums Überleben und die Fortpflanzung geht, verstehen auch wir keinen Spaß. Und ihr habt auch kein Vergnügen, wenn wir mal kurz euren Safarijeep auf Nehmerqualitäten testen. Ich bin mir ziemlich sicher, wer da der Stärkere sein wird. Also, vertraut eurem Ranger. Der weiß genau was zu tun ist, wenn sich unsere Wege kreuzen. Im Übrigen, ich kenne euren Smiley. Der kommt öfters hier bei uns vorbei. Bislang hatte der seine Schäfchen immer gut unter Kontrolle. Beschwerden unsererseits sind mir nicht bekannt.

Damit kein falsches Bild entsteht: Wir Vegetarier wollen einfach nur in unserem Territorium in Ruhe gelassen werden. Respektiert, dass wir wie jedes Lebewesen eine persönliche Wohlfühl-Zone brauchen, in die niemand eindringen sollte, auch nicht aus Neugier oder falsch verstandener Tierliebe. Das müsste doch machbar sein. Oder?

Versteht mich richtig: Wir stehen euch ab und an gerne zu Schnappschüssen bis hin zu Fotoreportagen zur Verfügung. Eure Objektive sind heute so leistungsstark, dass wir uns wirklich nicht zu nahe kommen müssen. Dann habt ihr euren Spaß und wir unsere Ruhe. Ist das ein Angebot? Deal?

19. Benno mäht gerne Rasen

Na, liege ich da richtig? Du bist vor kurzem zu uns nach Südafrika gekommen und sitzt nun in einem Safari-Jeep mit großen Erwartungen. Mitten im Busch, nur einen Steinwurf entfernt, entdeckst du mich. Schnell stellt sich dir die erste Frage: Habe ich da ein Breitmaul- oder ein Spitzmaulnashorn vor der Linse?

Die Tatsache, dass erstere größer sind, hilft dir jetzt ohne einen direkten Vergleich auch nicht weiter. Aber keine Panik. Ich kläre dich gerne auf: Mein Name ist Benno. Ich bin ein Breitmaulnashorn, oder wie die Engländer sagen ein ‚white rhino'. Vielleicht sind die auf ‚white' gekommen, da ich vor allem in der Mittagshitze gerne zur Abkühlung schlammige Wasserlöcher aufsuche und danach ein Staubbad liebe. Herrlich, herrlich, kann ich nur sagen. Aber, Spass beiseite. Die Engländer haben einfach den holländische Begriff für „weit" bzw. „breit" missverstanden. „Wijde" wurde mit „white" übersetzt. Im Umkehrschluss wurde das Spitzmaulnashorn dann ‚black rhino' genannt. Na super. Ihr seht, auch Engländer liegen ab und zu voll daneben. Es geht mich zwar nichts an und sage nur ‚Brexit'.

Ich bin im Gegensatz zu den ‚Blackys' ein typischer Grasfresser. Böse Zungen bezeichnen mich

71

sogar als Rasenmäher. Okay, ich bin mir schon bewusst, dass ich dafür mit meiner quadratischen, breiten Lippe prädestiniert bin. Ein ‚black rhino' hingegen sieht mit der spitzen Lippe immer ein bisschen so aus, als würde es mit Kussmund à la Marylin für ein Foto posieren. Übrigens, die mögen kein Gras. Die sind Laubfresser und futtern am liebsten Blätter und Büsche.

Wir Rhinos, wissenschaftlicher Name ‚Rhinocerotidae', haben einen Stammbaum, der mehr als 50 Millionen Jahre zurück reicht, und gehören demzufolge mit zu den 'ganz Alten' auf unserem Planeten. Zusammen mit den Elefanten und Flusspferden sind wir die wenigen überlebenden Vertreter der Megaherbivoren, also der großen Pflanzenfresser. Nicht zuletzt deswegen gehören wir zu den ‚Big Five' neben Elefanten, Büffeln, Löwen und Leoparden.

In der Savanne kann man uns auch in kleinen, matriarchalisch organisierten Herden antreffen, wobei Bullen in der Regel Einzelgänger sind und territorial leben. Unsere Lebenserwartung liegt zwischen 30 und 50 Jahren. Ganz gut, was?

Kaum jemand weiß, dass ich über einen super Geruchssinn verfüge. Je nach Windrichtung kann ich dich schon aus einer Entfernung von 700 Metern orten. Lange bevor du mich erblickst, weiß ich also schon, dass Besuch unterwegs ist. Und meine Ohren sind dank 360-Grad Technik voll auf Empfang gestellt. Mit den Augen ist es bei mir so eine Sache. Auch ein Besuch bei Fielmann könnte da nicht viel bewirken Meine Sehfähigkeit ist und bleibt sehr eingeschränkt. Das liegt auch daran, dass wir Breitmaulnashörner unseren Kopf nicht mehr als 45 Grad anheben können. Ist zum Grasfressen allerdings auch nicht nötig. Unsere Verwandten sind in dieser Hinsicht gelenkiger und können sich auch an höhergewachsenen Büschen bedienen. Jedem eben das Seine.

Wir Rhinos sind übrigens gute Kommunikatoren, wobei Bullen im Allgemeinen etwas lauter unterwegs sind, zum Beispiel wenn territoriale Fragen geklärt werden müssen. Das gilt insbesondere für die Brunftzeit, wenn ein Bulle mit Grunzen und Schnauben um die Gunst einer Kuh buhlt. Sollte sich die dann wider Erwarten anders entscheiden, quittiert dies der Enttäuschte mit trompetenartigen Lauten. Also, bitte keine vorschnellen Äußerungen, wenn auf deiner Safari Trompetentöne erklingen. Was Elefanten können, haben wir auch schon seit ewigen Zeiten drauf.

Wer ist der einzig ernst zu nehmende Feind für mich? Löwen, Elefanten, Flusspferde? Falsch. Es ist der Mensch. Jawohl, du hast richtig gehört, der sogenannte ‚Homo sapiens'. Insbesondere die asiatische Gattung ist für uns extrem gefährlich. Die hat sich geradezu in eine Hysterie nach unserem Horn rein gesteigert. Erst galt es in der traditionellen asiatischen Medizin als Wundermittel. Es soll fiebersenkend, entgiftend und krampflösend wirken. Das wurde vor wenigen Jahren noch befeuert durch Berichte über einen hohen Regierungsbeamten aus Vietnam, der angeblich durch die Einnahme von Nashornhornpulver von seiner Krebserkrankung geheilt wurde. Totaler Quatsch. Weder eine krebs- noch eine andere heilende Wirkung konnte jemals wissenschaftlich belegt werden.

Und trotzdem stieg die Nachfrage so stark, dass es heute als eines der wertvollsten Wildtierprodukte der Welt gilt. Kaum zu glauben, aber Fakt ist, dass der Preis für ein Kilo meines Horns weit über dem für Gold liegt. Dies wiederum hat auch das Interesse einer neuen aufstrebenden Mittelschicht geweckt, die das teure Produkt als Luxusobjekt und Statussymbol preist und geradezu danach giert. Vor exzessiven Partys wird es konsumiert um die Potenz zu steigern, danach soll es helfen, den Kater zu vertreiben. Von wegen ‚Homo sapiens'. Saufen, fressen, ... ohne Ende. Und wir Nashörner müssen darunter leiden.

Einst waren wir weit verbreitet mit mehr als einer Million Rhinos. Großwildjäger und Wilderer

74

sorgten in wenigen Jahrzehnten dafür, dass von den im südlichen Afrika lebenden in der zweiten Hälfte des 19. Jahrhundert nur noch weniger als 100 Tiere gab. Glücklicherweise konnte dank intensiver Schutzmaßnahmen sich bis heute unser Bestand wieder auf über 20.000 Tiere steigern. Davon leben über 90% in Südafrika. Du hast also das große Glück, uns Rhinos in freier Wildbahn bewundern zu dürfen. Das ist alles andere als selbstverständlich, denn auch heute noch ist eine hoch professionelle Wildtiermafia altiv, organisiert in einem komplexen Netzwerk aus Wilderern, Schmugglern und Händlern sowie zahlreichen geldgierigen Unterstützern. Bei der Wilderei kommen mittlerweile nicht nur Gewehre zum Einsatz, sondern mehr und mehr auch aufwändige Hilfsmittel wie Nachtsichtgeräte und Betäubungsmittel aus der Veterinärmedizin. Der Fortschritt der Technik muss nicht unbedingt immer Nutzen stiften. Am wenigsten bei uns.

Ob das allerdings der Grund ist, warum meine Verwandten die Spitzmaulnashörner trotz ihrer beeindruckenden Erscheinungen sehr nervös und ängstlich sind, vermag ich nicht abschließend zu beurteilen. Eigentlich haben sie keinen Grund dazu, denn sie sind mit Spitzengeschwindigkeiten von bis zu 55 km/h auch noch verdammt schnell.

Nicht zuletzt noch eine traurige Geschichte aus Asien. Es gibt Arten von uns auf Borneo und Sumatra, die gute Schwimmer sind. Leider sind diese etwa 60 Java-Nashörner und 100 Sumatra-Nashörner ganz vom Aussterben bedroht. Hier kommt erschwerend hinzu, dass sie in wenigen kleinen, voneinander isolierten Gebieten leben.

Mein Appell an euch ‚Homo sapiens': Leben und leben lassen. Dann wäre das Dasein auf unserem Planeten gleich sehr viel entspannter und lebenswerter. Also Tschüss, bis zum nächsten Mal. Ich gehe jetzt Rasen mähen.

20. Willy liebt es laut

Ja, ja, ich weiß schon, mittlerweile gibt es einige hier in Boulders, einem Villenviertel von Simon's Town, die sich über mich und meine Sippschaft aufregen. Warum? Wir haben uns hier etwas vermehrt, sind paarungswillig und ab und zu etwas laut dabei. Es gibt böse Zungen die behaupten, wir würden brüllen wie die Esel. Oh, ich hätte es fast vergessen, mein Name ist Willy.

Ich lebe hier am Boulders Beach, am Westufer der False Bay, etwa fünfundvierzig Autominuten von Kapstadt entfernt. Als Brillenpinguin, wissenschaftlicher Name ,Spheniscus demersus', gehöre ich zu den einzigen heute noch in freier Wildbahn lebenden Pinguinen Afrikas. Meinen Namen verdanke ich übrigens den brillenförmigen Hautflecken um meine Augen.

Ihr könnt euch nicht vorstellen, was täglich hier los ist. Also nicht direkt bei uns Pingus. Nein, bei den Besuchern auf den Zuschauertribünen. Hunderttausende kommen jedes Jahr hier her.

Die interessiert weniger der regionale Stützpunkt der südafrikanischen Marine hier. Ich denke, es sind wir, die auch Jackass genannten Pinguine, die die Massen anlockt. Kurz einige Worte zu unserer Geschichte. 1983 soll sich ein verliebtes

Pärchen nach Boulders Beach verirrt und spontan entschieden haben: Unter einem windgeschützten Busch oberhalb des Strandes bauen wir unser Nest. Und da wir Pinguine nun mal gut drauf, ziemlich fruchtbar sind, und wir auch immer wieder dorthin zurückkehren, wo wir einmal gebrütet haben, ist am Boulders Beach im Laufe der Jahre eine stattliche Kolonie entstanden.

Es sind meines Wissens mittlerweile mehr als zweitausendfünfhundert Pingus hier, Tendenz steigend. Wir lieben diese Gegend. Einerseits sorgen die begrenzten Fangquoten in der False Bay für ausreichend leckeres Futter. Andererseits bieten die Büsche am Strand und in den anliegenden Gärten einen angenehmen Lebensraum.

Sehen wir nicht schick aus in unserem schwarzweißen Frack? Eleganz pur finde ich. Wallende Schlabberroben, kunterbunte Flip-Flops oder weiße Socken in Badelatschen kennen wir nicht. Unser Frack dient aber auch zur perfekten Tarnung: Im Meer lässt sich der weiße Bauch kaum von der hellen Wasseroberfläche unterscheiden. Und aus der Luft fällt der schwarze Rücken selten auf. Da hat sich einer was dabei gedacht.

Wir ernähren uns hauptsächlich von Schwarmfischen wie Sardinen, Sardellen und Makrelen. Zum Einkaufen gehen wir meist gemeinsam im

Verbund. Dabei schwimmen wir auf der Futtersuche bis zu fünfzig Kilometer weit. Das macht Spaß und hält schlank. Dass einer von uns mal in einem Fitness-Studio gesichtet wurde, habe ich bisher nicht gehört. Blödsinn, ausreichend Bewegung und gesunde Ernährung bietet doch die Natur. Aber einmal ganz unter uns: Wenn ich mir den einen oder anderen Touristen näher betrachte, hat der mit artgerechter Bewegung und Ernährung ziemlich wenig am Hut. Und ob der überhaupt was für seine Fitness tut? Da habe ich doch gewaltige Zweifel.

Für viele Menschen soll es kaum vorstellbar sein, dass man ein Leben lang mit einem Partner zusammenlebt. Wir lieben das, pflegen uns gegenseitig, gehen gemeinsam schwimmen, sonnen uns auf den Granitfelsen am Strand. Lebensabschnittspartner gibt es bei uns nicht. Dafür gute Baumeister, die ihre Nester aus dem eigenen Kot basteln. Damit sie vor Wind und Sonne geschützt sind, bauen wir bevorzugt unter Büschen und Felsen. Unsere Frauen legen zwei Eier, die gemeinsam von den Eltern bebrütet werden. Bei uns gilt Arbeitsteilung und volle Emanzipation. Cool. Nach vierzig Tagen schlüpfen die Küken. Einen Monat lang werden sie liebevoll umsorgt, warm gehalten und gefüttert. Nach circa drei Monaten sind sie flügge. Und ab geht es.

Ich finde, wir Pinguine passen vorzüglich in das Marketingkonzept des neuen, modernen Südafrikas: Aufgeschlossen, sympathisch und voller Power. Kinder lieben uns, Erwachsene ebenso. So kann es durchaus vorkommen, dass Urlauber, die sich tagsüber am Strand am Strand breit gemacht haben um in Ruhe ein Nickerchen zu genießen, plötzlich aufwachen und sich wundern, dass wir uns nebenan niedergelassen haben. Wir lieben die traute Zweisamkeit. Und nicht nur solange die Brille rosa ist. Du verstehst?

Auch andere Nationen haben Gefallen an uns gefunden. Unser Kollege Olav, sorry, ich muss mich jetzt korrekt ausdrücken, der schottische Kaiserpinguin Sir Nils Olav, ist das Maskottchen der norwegischen Königsgarde. Er wurde offiziell zum Brigadegeneral ernannt. Was eine Karriere.

Ursprünglich konnten wir Pinguine mal fliegen. Eigentlich klar für einen Seevogel. Da wir an Land kaum natürliche Feinde fürchten, haben wir uns im Laufe der Evolution das Fliegen abgewöhnt. Wozu auch. Wir sind unternehmungslustig und mögen Menschen. Wenn sie unseren Intimbereich akzeptieren und uns nicht zu nahe auf das Gefieder rücken, kommen wir gut miteinander klar. Bei Ebbe lassen wir sie sogar mit uns planschen. Kein Problem.

80

Damit ihr aber nicht ein falsches Bild von uns bekommt, okay, hier am Boulders Beach leben wir noch wie im Paradies. Aber anderswo schrumpft unser Bestand vor allem wegen der Überfischung und lecken Öltankern. Die IUCN führt uns als ‚gefährdet', und wir stehen unter strengem Naturschutz. Anders geht es nicht.

Wie eingangs erwähnt, sind wir Pinguine aber auch hier in Simon's Town längst nicht mehr unumstritten. Einerseits sorgen wir für einen gewaltigen Touristenstrom, der viel Geld in die stets leere Kasse der Gemeinde bringt. Andererseits konkurrieren wir mit den alteingesessenen Anwohnern um den immer knapper werdenden Lebensraum. Da uns die Strände und die angrenzenden Wiesen längst zu eng geworden sind, begeben wir uns eben in der Nacht auf Wanderschaft in die umliegenden Gärten, Garagen, Gewächshäuser. Alles nette Plätzchen zum Chillen, Bauen und Brüten.

Die anliegenden Bewohner sehen das anders. Ich lasse einen davon am besten selbst zu Wort kommen: „Die graben mit ihren Füßen bis zu neunzig Zentimeter tiefe Höhlen, hinterlassen in unsere gepflegten Gärten Stätten der Verwüstung. Weder Zäune noch Wachhunde haben eine Chance. Und die schreien wie Esel wenn mal wieder eine Paarung ansteht. Das kann einen in den Wahnsinn treiben."

Ich finde das alles total übertrieben dargestellt. So sieht es übrigens auch die Rangerin des hiesigen Table Mountain National Parks. Die lässt sich bestimmt in ihrer Arbeit nicht beirren und wird dabei gleichermaßen unsere Interessen wie die der Anwohner berücksichtigen. Da bin ich mir sicher. Also, bis bald mal wieder.

21. Jesse hat es drauf

Moin, mein Name ist Jesse, wissenschaftlicher Name ‚Struthio camelus', wohnhaft in Oudtshoorn, der Straussenhauptstadt in der Karoo. Diese liegt nördlich der ‚Garden Route' und ist eine ziemlich ebene Halbwüste mit unzähligen Zäunen. Folgst du einem davon, landest du irgendwann an einem Farmtor. Übrigens, hier auf unserer Farm ist immer was los, da wir ein beliebter Treff von Promis sind. Ich nenne nur mal ‚Madonna', ‚Merylin', ‚Marvin' und ach ja ‚Jack the Ripper'. Du bist im Bilde?

Es gibt allerlei Legenden über mich. Um eines gleich vorab zu klären: Der Umgang mit mir ist nicht ganz ungefährlich. Vor allem während der Brutzeit bin ich ziemlich angriffslustig. Wer da meinem Revier zu nahe kommt, kann schnell mit Kick-Boxen Bekanntschaft machen. Die Wucht meiner Fußtritte und vor allem die scharfen Krallen haben es in sich und können zu schweren Verletzungen oder gar zum Tode führen. Für meine natürlichen Feinde wie Gepard, Hyäne, Leopard oder Löwe ist das nicht neu. Die wissen Bescheid. Für manche Farmbesucher dagegen schon. Wenn du dich also unbedingt mit mir anlegen möchtest, kann ich dir nur raten, dich ganz schnell flach auf den Boden zu legen, Kopf nach unten. Dann bist du ziemlich sicher, da ich meine

Tritte muskulär bedingt nur von unten nach oben durchziehen kann. Kapiert? Und damit ist ja wohl auch klar, wer von uns beiden den Kopf in den Sand steckt. Hähä.

Ich kämpfe mit meiner Größe (bis zu 2,70 Meter) und meinem Kampfgewicht (bis zu 150 Kilogramm) in der Super-Schwergewichtsklasse. Da ist mit Fliegen absolut nichts mehr drin. Ändert aber nichts daran, dass ich ein Vogel bin, besser gesagt, ein Laufvogel. Naht Gefahr, und ich keinen Bock auf Kick-Boxen habe, stecke ich meinen Kopf bestimmt nicht in den Sand, sondern laufe davon. Laufen ist eigentlich untertrieben. Sprinten wäre zutreffender, da ich Höchstgeschwindigkeiten von über 70km/h erreiche. Schnell genug, um den meisten Raubtieren zu entkommen. Übrigens, kein anderer Vogel auf der Welt ist so groß wie ich, und keiner kann so schnell rennen wie ich, der Afrikanische Strauß. Kannst du etwas Ähnliches von dir behaupten?

Manch einer fragt sich, warum wir so schnell sind. Ich habe dafür eine einleuchtende Erklärung: Es liegt an dir, also genauer gesagt am profitorientierten ‚Homo sapiens', der uns beigebracht hat, öfter mal das Weite zu suchen. Schon mal was von den ‚Straußenbaronen' gehört? Die haben Ende des 19. bis Anfang des 20. Jahrhunderts Kohle ohne Ende mit uns gemacht. Und uns dabei fast ausgerottet. Jährlicher Export damals: Fast fünfhunderttausend Tonnen Straußenfedern.

Was glaubst du wo die ‚Ostrich Palaces' herkommen? Du kannst in Oudtshoorn noch heute in den alten Palästen übernachten. Erst mit dem Ende des Ersten Weltkrieges brach der zuvor extrem boomende Markt zusammen und der Spuk hatte ein Ende. Heute werden unsere Federn nur noch zu Staubwedel verarbeitet. Modetrends, ich könnte kotzen. Sorry, musste aber mal gesagt werden. Geldbringer ist heute unsere Haut, zählt Straußenleder mittlerweile doch zu den feinsten und teuersten Sorten. Auch unser Fleisch wird zunehmend mehr geschätzt. Falls Du nicht Vegetarier oder Veganer bist, ich habe nichts dagegen, wenn du mal ein leckeres Steak von uns kostest. Nur zu. Ein kleiner Tipp: Ein schön trockener Rotwein, richtig temperiert, passt sehr gut dazu. Es muss ja nicht gleich eine ganze Flasche sein.

Alkoholiker oder so etwas kann ich nicht werden. Warum? Weil wir Strauße theoretisch nicht trinken müssen. Wir decken unseren Flüssigkeitsbedarf fast ausschließlich über die Nahrung, also aus Gräsern, Blättern, Insekten und Sämereien, allesamt leicht zu finden in der Savanne hier. Ach ja, eines habe ich an dieser Stelle vergessen: Wir futtern ab und an auch Sandkörner und kleinere Steine. Diese sind bei der Zerkleinerung unserer schwerverdaulichen Nahrung im Magen ganz hilfreich. Schlau was?

Das sehen allerdings die San, auch Buschmänner genannt, etwas anders. In der afrikanischen Mythologie werden wir Strauße häufig als dumm und überheblich dargestellt. Eine bösartige Unterstellung. Ich protestiere heftig. Nur weil die San über Generationen hinweg unsere Verhaltensweisen studiert haben, und meinen, uns veralbern zu können. Sie ahmen uns mit ihren komischen Lauten nach und geben vor, ein verirrtes Jungtier zu sein. Was macht die besorgte Straußenmutter? Sie verlässt flugs ihr Nest und geht auf Suche. Das ist doch Pflicht einer jeden guten Mutter. Und während dieser Zeit plündern die dann unsere Eier. Du weißt, ein Straußenei ist eine echte Delikatesse und liefert eine ordentliche Menge an Eiweiß. Obwohl ich von den Buschmännern nicht viel halte, eines muss ich ihnen zugestehen: Ernährungstechnisch betrachtet sind die wirklich auf neuestem Stand der Wissenschaft. Und wie sieht das bei dir aus? Kohlehydrat- oder eiweißlastig? Ich kann nur raten, ganz locker zu bleiben.

Wir Strauße sind gesellige Vögel, leben normalerweise in kleineren Gruppen, schließen uns gelegentlich aber auch Herden von Antilopen oder Zebras an. Gemeinsam sind wir sicherer vor den größeren Raubtieren hier. Da wir sehr groß sind, können wir Savannengebiete mit niedrig wachsender Vegetation super überblicken und Feinde frühzeitig identifizieren. Bei zu hohen Pflanzen wären wir nicht mehr vor Fressfeinden sicher. Wir lieben in unseren Gruppen eine klare Rangfolge, sehen Beziehungen untereinander aber ziemlich locker. Warum sich nicht mal einer anderen Gruppe anschließen? Auch andere Mütter haben hübsche Töchter. Bei Rangeleien innerhalb der Gruppe aktivieren wir eine ganze Palette von Drohgebärden: Wir stellen Flügel und Schwanzfedern auf, recken den Hals in die Höhe. Ergibt sich ein Vogel dem Ranghöheren, biegt er den Hals U-förmig durch und senkt den Kopf. Dann ist das Thema geklärt.

Sind wird nicht hübsche Vögel? Lange, kräftige Beine, Zehen mit gewaltigen Krallen. Der Körper ist bei uns Männern von einem schwarzen Gefieder bedeckt, von dem sich die weißen Schwanzfedern deutlich abheben. Die Frauen tragen ein helleres, weißlich-graues Federkleid. Wir haben einen langen, schlanken Hals und große Augen. Wie groß schätzt du sie? Sie haben einen Durchmesser von etwa fünf Zentimetern. Durchblick pur. Stark was?

Unsere Flügel dienen heutzutage zur Balz, was ich für sehr wichtig halte, zum Beschatten der Jungen, und zum Halten des Gleichgewichts, wenn wir einen unserer gefürchteten Sprints anziehen. Wir gelten nicht zufällig als die Ferraris unter den Laufvögeln. Ein Tempo von 50 Stundenkilometern halten wir locker auch länger durch, mit einer Schrittlänge von etwa dreieinhalb Metern. Hochsprung ist nicht so ganz unser Ding, obwohl, eineinhalb Meter sind nicht übel.

Bei uns kooperieren Mann und Frau hervorragend, wie das Ausbrüten und die Aufzucht der Jungen zeigt, die von beiden Elternteilen gleichermaßen übernommen werden. Na, was meint ihr dazu? Baff? Wäre das nicht ein überlegenswertes Modell für euch?

Wenn Paarungszeit ist, sieht man dies mir deutlich an, denn dann leuchtet die Hautfarbe meines Halses besonders intensiv. Das kann von der Damenwelt nicht übersehen werden. So schare ich nach und nach einen Harem von drei bis fünf Weibchen um mich herum zusammen. Zuletzt küre ich meine Haupthenne. Jüngere Kandidatinnen müssen sich zunächst mit der Rolle als Nebenhenne begnügen. Ich stehe einfach auf Erfahrung. Das ist nun mal so.

Du willst mehr darüber wissen, was und wie das konkret bei mir abgeht? Okay. Um ein Weibchen zu erobern, schwinge ich meine Flügel auf und ab, blase meinen Hals auf, pendele mit ihm nach rechts und links und gehe dann locker aber bestimmt auf die Holde zu. Diese zeigt mir ihre Paarungsbereitschaft mit einer Art Demutsgeste. Dann geht die Post ab. Nach der Paarung wählt meine Haupthenne aus den Nestgruben, die ich zuvor angelegt habe, eine aus. In diese legt sie acht bis zwölf Eier. Auch die Nebenhennen legen ihre Eier in dieses Nest, allerdings an den Rand rund um die Eier der Haupthenne. So fallen zuerst die Eier der Nebenhennen eventuellen Nesträubern wie Schakal, Hyäne und Schmutz zum Opfer. Das hat sich absolut bewährt.

In großen Gemeinschaftsnestern liegen am Ende bis zu 80 Eier. Die Eier sind glänzend weiß, bis zu 1.900 Gramm schwer und haben einen Durchmesser von 15 Zentimetern. Nach der Eiablage werden die Nebenhennen vertrieben. Sie ziehen ab und gehen oft in das Revier eines anderen Straußenhahns, mit dem sie sich ebenfalls paaren. Ich habe da übrigens nichts dagegen. Mit meiner Haupthenne kümmere ich mich gemeinsam um unsere Brut. Tagsüber brütet sie, nachts bin ich an der Reihe. Nach sechs Wochen schlüpfen unsere Küken. Wir schützen sie mit unseren ausgebreiteten Flügeln vor Sonne und Regen. Schon nach drei Tagen dürfen die Kleinen zum ersten Mal das Nest verlassen. Mit einem Jahr sind sie schließlich ausgewachsen. Geschlechtsreif sind die Weibchen mit zwei, die Männchen mit drei bis vier Jahren. Dann sind auch die Stimmen voll entwickelt. Vor allem bei der Balz und bei Rangstreitigkeiten lassen wir Männer ein gewaltiges, "bu bu buuuuu buuu" hören. Nicht nur ich finde, dass das auch einem Löwen ganz gut zu Gesicht stehen würde. Außerdem können wir pfeifen, knurren und grunzen. Wir haben auch diesbezüglich einiges drauf, sind sozusagen mehrsprachig.

Wir afrikanische Strauße haben eine Lebenserwartung von 30 bis 40 Jahren. In Zoos soll es auch fünfzigjährige Veteranen geben. Aber die habe ich persönlich noch nicht gesehen.

Zum Abschluss noch ein paar Worte zu unserer Geschichte: In der ‚Apollo-11-Höhle' in Namibia fanden Archäologen künstliche Perlen aus Straußenei, die aus dem neunten Jahrtausend vor Christus stammen. Bei archäologischen Ausgrabungen in Persien wurden gravierte Straußeneier gesichtet, die eines der ersten Kunstartefakte dieser Zeit darstellen. Ebenso gibt es Fragmente verzierter Straußeneier aus der nördlichen Sahara. Im alten Ägypten waren wir Strauße wichtige Zucht- und Jagdtiere, die als Eier-, Fleisch- und Federlieferanten große Bedeutung hatten. Unsere großen, weißen Schmuckfedern galten aufgrund ihrer ebenmäßigen und symmetrischen ‚Wimpern' und ihrer eleganten Gestalt als Symbol des

Lichts und der Gerechtigkeit. Sie schmückten königliche Standarten und Prunkwedel. In vielen Regionen Schwarzafrikas haben wir Strauße Eingang in Rituale, Märchen und Fabeln gefunden. Einen praktischen Nutzen haben unsere Eier für die Khoisan, die sie als Trinkgefäße verwenden oder Halsbänder und Armreife aus den Schalen fertigen. Ich könnte noch so viel über uns erzählen, lasse es aber. Sonst heißt es wieder, wir wären überheblich und könnten nur über uns selbst reden.

Ach ja, dass ich es nicht vergesse: Aus den Schalen unserer Eier fertigt man heute auch schicke Lampenschirme und vielerlei Schmuckgegenstände. Und wir werden in jüngerer Zeit auch als Touristenattraktion genutzt. Hat wohl seinen Grund, oder?

22. Bodo kann sich wehren

Um es gleich klar zu stellen: Mit mir ist nicht zu spaßen. Warum? Man lässt uns afrikanische Büffel, wissenschaftlicher Name 'Syncers caffer', einfach nicht in Ruhe. Es begann mit dem Erscheinen trophäengeiler Großwildjäger und gewissenloser Wilderer, also der professionellen Killer. Und es geht weiter bis zum Rufmord. Ja, du hast richtig gelesen. 'Schwarzer Tod' werde ich auch genannt. Dabei wehre ich mich nur meiner Haut, wenn ich attackiert oder angeschossen werde. Die ballern erst wie die Wilden auf mich und sind dann erstaunt, wenn ich, schwer verwundet, sie auf meine Hörner nehme. Erst meine Nehmerqualitäten unterschätzen und dann jammern. Warum müssen die sich auch mit einem tonnenschweren Athleten anlegen? Ich sage nur eines: Nicht mit mir.

So, das musste erst mal raus. Nun zu mir: Ich, Bodo, bin ein Säugetier und zähle zur Familie der Hornträger. Ihr könnt mich leicht in Schutzgebieten und Nationalparks wie dem Ngorongoro Crater, der Serengeti oder dem Kruger Nationalpark antreffen, also in Sümpfen, Talauen, Wäldern, offenen und bewaldeten Savannen. Ich bin ein ausgeprägter Grasfresser, nicht besonders wählerisch, futtere was mir soeben über den Weg läuft. Besonders stolz bin ich auf meine abwärts geschwungenen Hörner, die echt was hermachen: Sie spannen 73 bis 134 cm weit auseinander, die Länge der einzelnen Hörner über die Krümmung gemessen ist nahezu identisch mit der Spannweite. Das längste jemals gemessene Horn erreichte 163 cm und stammt von einem Kollegen aus dem Lake-Manyara-Nationalpark in Tansania. Bei uns haben nicht nur die Bullen Hörner, auch die Kühe, wobei die Bullen weitaus massiver sind. Eben echte Kerle, Kraftpakete.

Ich habe einen ordentlichen Durst und kann durchaus bis zu vierzig Maß auf ein Mal mir rein ziehen. Was mag ich besonders? Klar, im Dreck suhlen ist immer eine herrliche Abkühlung bei den hohen Temperaturen hier. Wundere dich nicht, wenn du in meiner Gesellschaft Madenhacker vorfindest. Wir haben uns sozusagen zum gegenseitigen Nutzen angefreundet. Es ist okay, wenn die auf meinem Rücken parken.

Besonders wir Bullen werden immer wieder als egoistisch und dominant dargestellt. Klar, während der Paarungszeit brennt bei dem einen oder anderen schon mal die Sicherung durch. Büffelherden sind dafür bekannt zusammenzuhalten, wenn es eng wird. Ich erkläre das mal an einem Beispiel: Wird ein einzelnes Herdenmitglied von Löwen oder Leoparden angegriffen, kehrt häufig die ganze Herde um und leistet Beistand. Gemeinsam sind wir nahezu unschlagbar. Selbstverteidigung ist für uns sehr wichtig. Außer dem Menschen werden uns Büffeln eigentlich nur Löwen richtig gefährlich. Und da braucht es schon einige davon, um einen von uns zu erlegen. Ich denke, deren Verluste sind allemal größer als unsere. Zur Abschreckung knöpfen wir uns ab und zu den Löwennachwuchs vor, um die Gefahr zukünftiger Angriffe zu reduzieren. Aber, wie gesagt, nur zur Selbstverteidigung.

Übrigens, wir Büffel haben sehr gute Augen und können Löwen schon aus 1500 Meter Entfernung entdecken. Sollten die attackieren wollen, stelle ich mich mit dem Rücken zu einem Hindernis oder verstecke mich im Gebüsch, so dass die Angreifer nicht an meine empfindlichen Hinterbeine kommen. Ich könnte natürlich auch fliehen, da ich über ein ordentliches Sprintvermögen mit bis zu 55 km/h über kurze Distanzen verfüge. Unsere Büffelgruppen stellen sich bei nahender Gefahr häufig im Kreis auf und präsentieren eine Phalanx von Hörnern. Unter Umständen greife ich auch Löwen direkt an und vertreibe sie. Oder ich schleudere sie mit meinen Hörnern durch die Luft und trample sie zu Tode. Löwen können einen ausgewachsenen Büffel nur durch einen Kehlbiss töten, da sie nicht die Kraft haben, uns das Genick zu brechen. Außerdem wirkt unsere 2 bis 3 Zentimeter dicke Haut schützend wie ein Panzer.

Generell finden wir Büffel Schutz in großen Herden, die schon mal aus bis zu 1000 Tieren, meist Kühe und Jungtiere, bestehen. Bullen sind dagegen in Bachelor-Herden unterwegs und gesellen sich nur während der Paarungszeit dazu. Generell gibt es bei uns ordentlich Dynamik in den Herden durch Aufspalten und Wiedervereinen. Hat den Vorteil, dass es nie langweilig wird.

Wir paaren uns in der Regenzeit, wenn die Kühe drei Tage lang paarungsbereit sind. Dann heißt es für uns ausgewachsene Bullen fit zu sein, da ein hierarchisches System die Fortpflanzung regelt. Dafür müssen wir Bullen uns immer wieder in Paarungs- und Dominanzwettkämpfen beweisen, die aus donnerndem Kopf- und Körperrammen bestehen. Ich schildere mal kurz einen typischen Ablauf: Es beginnt damit, dass ich mit erhobenem Kopf und nach unten weisender Nase still stehe und mich fokussiere. Konzentration muss sein. Ab und an bewege ich meinen Kopf auf und ab. Wir stehen uns dabei in bis zu 30 Meter Entfernung gegenüber. Ich persönlich verbinde dies meist mit einem sonoren Grummeln. Manch einer lässt sich davon beindrucken und sucht freiwillig das Weite. Wenn nicht, ist das auch okay für mich. Ich lege meinen Powergang ein und blase erhobenen Hauptes zur Attacke, wobei ich erst im letzten Moment meinen Kopf senke. Das hat den

Vorteil, dass beim Crash die meiste Energie auf die verstärkte Basis meiner Hörner gelenkt wird. Und dann ist es nur noch eine Frage von Kraft, Geschwindigkeit und Kampferfahrung, wer gewinnt und wer verliert. Der Verlierer sucht danach das Weite, wobei ich ihm ordentlich Beine mache. Looser haben bei der Paarung nichts verloren. Das ist zumindest meine Meinung.

Die Empfangsbereitschaft einer Kuh teste ich regelmäßig durch Beschnuppern der Geschlechtsorgane und des Urins. Schon mal was von ‚Flehmen' gehört? Passt es, lege ich der Auserwählten mein Kinn auf den Rumpf und signalisiere ‚alles klar'. Bleibt die Kuh still stehen, bewegt den Schwanz, dann ist alles gesagt. Ich steige auf und erledige ratzfatz meinen Job. So geht das eine halbe Stunde lang, wobei ich zwischendurch schon das eine oder andere kurze Päuschen einlege. Wie sagte schon ein bekannter Fußballtrainer: Nach dem Spiel ist vor dem Spiel. Unsere Kühe sind fast ein Jahr lang trächtig. Nach der Geburt bleiben die Kälber ganz nah bei der Mutter und nähern sich erst nach einigen Tagen den anderen Tieren der Herde. 15 Monate säugen die Kälber, bevor sie beginnen, selbstständig zu fressen. Die Verbindung zwischen weiblichen Kälbern und Kuh bleibt lange stark, wobei sich die jungen Bullen mit der Zeit zurückziehen. Während der Wachstumsphase führen diese jedoch schon Sparringskämpfe durch. Früh übt sich eben, wer ein richtiger Büffel werden möchte. Tja, so läuft das bei uns ab. Fragen?

Seit Ende des 19. Jahrhunderts haben wir Büffel eine ganze Menge erlebt. Es begann um 1890 mit einer Rinderpest-Epidemie, die auch unseren Bestand drastisch reduzierte. Die Krankheit hatte sich im Zuge der zunehmenden Besiedlung des südlichen Afrikas durch europäische Einwanderer über den Kontinent ausgebreitet. In Verbindung mit der Lungenseuche führte dies zu einer Sterberate von etwa 95 %. Dann kam noch der Milzbrand dazu. Und zuletzt musste der Mensch noch seinen Beitrag zum Rückgang der lokalen Bestände leisten. Er hatte nämlich festgestellt, dass unser Fleisch gut schmeckt. Dieses kam aber nicht auf den Tisch der ländlichen Bevölkerung. Nein, eine ganze Fleischindustrie wurde aufgebaut. ‚Money, money' sage ich nur. Grausam. Auch das hat dazu geführt, dass wir heute nur noch in geschützten Gebieten anzutreffen sind.

Zum Schluss noch etwas zu unserer durchschnittlichen Lebenserwartung, die in freier Wildbahn bei etwa 20 Jahren liegt. In Gefangenschaft werden wir auch mal über 30 Jahre alt. Ihr seht, wir müssen hier Tag für Tag hart ums Überleben kämpfen. Nicht mal dem ‚Schwarzen Tod' wird was geschenkt.

23. Ingwe liebt die leisen Töne

Na Safaritourist, hast Du mich endlich entdeckt? Ich weiß, das ist nicht einfach. Manchmal liegen hier Heerscharen von euch auf der Pirsch und checken es nicht. Ist absolut okay für mich, den Meister der Jagd. ‚Ingwe' nennen mich die Xhosa. Finde ich irgendwie gut.

Ich gehöre zur Gattung der ‚Panthera' und zur Familie der Großkatzen. Für viele Menschen stehe ich für Mut und Stärke. Auch in Mythologien und verschiedenen Kulturen spiele ich heute noch eine Hauptrolle. Das hat schon seine Gründe. Um es vorweg zu sagen, ich bin kein Freund der lauten Töne. Twitter-Weltmeister und andere Social-Media-Akrobaten finde ich nur peinlich. Aber okay, wenn sie es nötig haben.

Manch einer verwechselt mich mit Geparden. Also mit diesen Leichtgewichten habe ich echt nichts am Hut. Die können zwar mit ihren Spikes an den Hufen rennen wie die Wahnsinnigen, aber das war es dann auch schon. Ihr solltet mal sehen wie die sich anstellen, wenn es gilt einen Baum zu erklimmen. Endstation. Und das wird auch so bleiben, solange die nicht in der Lage sind ihre Spikes abzuschnallen. Übrigens, ich habe nichts dagegen, wenn die als Abendessen auf den Tisch kommen. Mir schmecken sie jedenfalls.

Wie gesagt, auf Bäume klettern ist mein Elixier. Das geht bei mir schnell und geräuschlos Ich suche mir dann gemütlich einen passenden Ast innerhalb der Baumkrone und warte, was passiert. Da ich von hier oben einen super Blick über die weite Graslandschaft der Savanne habe, kenne ich eigentlich auch keine Eile. Weiß ich doch genau, irgendwann kommt ein Leckerbissen unter meinem Ausguck vorbei und wird mich nicht sehen. Dazu bin ich mit meinem gefleckten Fell viel zu gut getarnt. Und genau deshalb fiel es dir auch so schwer, mich ausfindig zu machen. Das gilt übrigens auch für echte Naturforscher. Bis heute tun die sich schwer festzustellen, wie viele meiner Gattung es überhaupt noch in Afrika gibt. Die einzelnen Schätzungen gehen weit auseinander. Tja, es muss ja nicht jeder alles über uns wissen. Ist für uns auf jeden Fall besser, wir kennen ja das Ober-Raubtier namens ‚Homo sapiens'.

Legen Impalas, Gnus oder Vögel eine Pause unter meiner Behausung ein, stürze ich mich gerne mal auf meine nichts ahnende Beute und töte sie mit einem gezielten Biss. Damit kein Stress mit meinen fressgeilen natürlichen Feinden aufkommen kann, heißt es dann Acht zu geben. Warum? Weil mir manchmal meine erlegte Beute von Löwen oder Tüpfelhyänen geklaut wird. Ärgerlich. Schuld daran sind Geier, die einfach nicht die Klappe halten können. Daher versuche ich meine Beute entweder in ein schützendes Dickicht zu zerren oder sie auf meinen Baum zu bringen. Das schaffe ich allemal, da ich locker das Dreifache meines eigenen Körpergewichts stemmen kann. Und das ganz ohne spezielles Krafttraining.

Manchmal klettere ich aber auch ganz leise am Stamm hinunter, um mich an eine potentielle Futtertheke heranzupirschen. Mancher Bewohner der afrikanischen Savanne steht dann vor einer Überraschung. Ich nähere mich meiner Beute durch das tiefe Gras oder niedrige Zweige und bleibe so lange Zeit für sie unsichtbar. Und plötzlich schlage ich zu. Ich bin zwar nicht gerade ein Sprinter, aber 60 Stundenkilometer sind schon drin. Und das reicht für Impalas, die wir auch McDonald nennen. Schau denen doch mal auf den Hintern – du verstehst? Zebras stehen bei mir nicht unbedingt auf dem Speisezettel. Die sind mir zu schwer für den Transport. Es sei denn ein Jungtier will unbedingt Bekanntschaft mit mir machen.

Wie eingangs schon erwähnt, kann mich manch einer nicht von Geparden unterscheiden. Schande. Aber ich will das an dieser Stelle nicht weiter kommentieren. Dabei ist es so einfach: Ich habe eindeutig mehr Muckies und damit einen stärkeren Körperbau als diese. Die Flecken meines Fells sind dunkel, einige davon rosettenförmig. Und ich kann meine Krallen einziehen. Das nenne ich flexibel. Inklusive meines Schwanzes kann ich bis zu drei Meter lang werden bei einem Kampfgewicht von bis zu 90 Kilogramm. Unsere Weibchen sind etwas kleiner und bringen so um die 50 Kilogramm auf die Waage. In der Kap-Region gibt es auch ganz kleine Exemplare von uns, die nur 20 bis 30 Kilogramm wiegen. Was glaubt ihr wie wendig und geschmeidig die sind.

Habt ihr schon mal von schwarzen Leoparden, die auch ‚Schwarzer Panther' genannt werden, gehört? Ja, das ist richtig. Die gibt es tatsächlich. Das liegt an einem einzigen Gen. Bei dieser Erbanlage kann es auch bei normal gefleckten Leoparden zu dem einen oder anderen ‚Schwärzling' kommen. Bei schräg einfallendem Licht könntest du jedoch auch bei diesen unsere typischen Rosetten erkennen. Apropos erkennen? Tagsüber ist meine Sehkraft in etwa mit der deinigen vergleichbar. Aber nachts, und jetzt nicht neidisch werden, sehe ich fünf bis sechs Mal besser als du. Auch Hören kann ich super gut. Frequenzen mit bis zu 45.000 Hertz sind für mich kein Problem. Und über meinen Geruchssinn müssen wir uns nicht unterhalten. Erste Sahne. Mehr sage ich nicht dazu.

Hat es sich bis zu euch herumgesprochen, dass ich ein guter Schwimmer bin. Warum nicht mal tagsüber einen Ausflug auf eine kleine Insel machen? Da ich nicht unbedingt mittags futtern muss, schwimme ich erst am Abend wieder zurück. Da wir Leoparden typische Einzelgänger sind, gibt es auch keine Familie zu versorgen. Die Streifgebiete benachbarter Leopardinnen überlappen sich teilweise erheblich. Die viel größeren Streifgebiete männlicher Leoparden können sich mit denen mehrerer Weibchen überschneiden. Das hat zumindest eine Studie im Krüger-Nationalpark ergeben. Jeder von uns markiert sein Territorium mit Urin und Kot. Damit ist der Zugang zu Sexualpartnern, Futter-, Wasserstellen und Schattenplätzen geregelt. Und etwaige Besucher und Artgenossen können nicht behaupten, schlecht informiert zu sein. Glaubt jemand meine Grenzen ignorieren zu können, gibt es ohne Vorwarnung massiven Ärger. Dafür stehe ich.

Kommen wir nun zur Paarungszeit in der es bei uns mitunter heiß her geht. Da können wir auch mal voll aggressiv werden. Im Prinzip läuft das wie folgt ab: Eine Leopardin duldet einen Kerl wie mich nur im Östrus so 6 bis 7 Tage lang in ihrem Territorium. Dann durchstreift sie unruhig ihr Gebiet, markiert auffällige Stellen wie Bäume,

Felsbrocken oder Büsche mit Urin und kratzt mit ihren Hinterläufen am Boden. Sie setzt ihre Duftmarken in der Hoffnung, dass der Richtige damit angelockt wird. Nicht selten wälzt sie sich in unseren Harnstellen. Wisst ihr wo das Wort ‚rollig' herkommt? Die Leopardin rollt sich auf diesen Duftmarken im Gras hin und her und versucht, möglichst viel Fell damit in Berührung zu bringen. Haben wir uns dann gefunden, bleiben wir die restlichen Tage zusammen und paaren uns immer wieder. Zwischendurch gehen wir gemeinsam auf die Jagd und teilen uns sogar unsere Beute. Was man nicht alles für die Fortpflanzung tut. Wird die Leopardin in diesen Tagen nicht trächtig, wiederholt sich ihr Östrus 4 Wochen später. Nach gut drei Monaten bringt sie dann zwei bis vier Jungen zur Welt, die anfangs mehr nach Kätzchen als nach Leopard/in aussehen.

Wisst ihr, dass im Krüger Nationalpark die Geburten der Impalas meist zeitgleich mit unseren stattfinden. Sehr praktisch, stehen die Impalas doch ganz oben auf unserer Speisekarte. Auch bei uns ist Bewegung in die ansonsten strikte Rollenverteilung gekommen. So bleiben mittlerweile auch männliche Leoparden nach der Paarung bei ihrer Partnerin und beteiligen sich an der Aufzucht der Jungen. Die Regel ist das allerdings noch nicht. Flügge werden junge Leoparden nach gut einem Jahr, wobei die männlichen etwas früher sich auf die Reise machen. Bis dahin müssen sie gelernt haben sich selbst zu ernähren. Wenn nicht, na ja, kann es ganz schnell eng werden. Auch unsere Feinde kennen kein Erbarmen.

Hatte jemals jemand mit uns Erbarmen? Seit 186 v. Chr. werden wir Leoparden zur Belustigung für Tierkämpfe nach Rom geliefert. Bereits Homer hat die Jagd auf uns beschrieben. Zum Fang dienten Fallgruben und Giftpfeile. Eure Interessen standen schon immer im Vordergrund: Einmal gefährden wir eure Haustiere, dann macht ihr Kohle ohne Ende mit unserem Pelz, zuletzt lassen sich die Landlords die Gier trophäengeiler Großwildjäger teuer bezahlen. Gibt es bei euch nichts anderes als wirtschaftliche Interessen?

Zum Glück engagieren sich in letzter Zeit einige von euch für uns. Endlich mal welche, die Augen für Ästhetik, Eleganz und Geschmeidigkeit haben. Genau darum gehören wir zu jeder Afrika-Safari und natürlich zu den ‚Big Five'. Allerdings muss ich zugestehen: Mit euren Artenschutzabkommen ist der Fellhandel merklich eingeschränkt worden. Und euer Modebewusstsein hat sich anscheinend auch gewandelt. Aber, noch ist nicht aller Tag Abend. Ich kann jedoch versichern, dass wir normalerweise Menschen aus dem Weg gehen. Kommt es in Ausnahmefällen dennoch zum Crash zwischen Leopard und

Mensch, sind es unsererseits meistens kranke oder altersschwache, deren Jagdvermögen eingeschränkt ist. Du verstehst, auch unsereins tut alles um nicht verhungern zu müssen. Das Leben ist nun mal kein Wunschkonzert.

Ich bin auch darüber informiert, dass wir Leoparden eure Phantasie schon immer beflügelt haben: Mal als Symbol von Eleganz und Kraft, mal als Zeichen von Sünde und Wollust. Durch unsere Ausstrahlung von Stärke, Gerissenheit und Mut sind wir in einigen Kulturen zum Symbol für Herrscher geworden. Ist ja auch voll gerechtfertigt. Wären wir sonst im Mittelalter als auf drei Pfoten laufendes Wappentier mit vorgestreckter Vorderpfote auf zahlreichen Wappen verewigt worden? Wohl kaum. Auch die Engländer haben sich sicher etwas dabei gedacht. Und warum bezeichnet ihre eure Kampfpanzer als ‚Leo'? Also, gebt doch einfach zu, dass ihr uns bewundert. Ich kann es verstehen. Und wen man bewundert, denn knallt man dann auch nicht so mir nichts dir nichts ab. Einverstanden?

Charles Edward Perugini hat in seinem Werk: ‚Woman with a Floral Wreath in a Leopard Dress, Belle Époque' noch einen ganz anderen Aspekt beleuchtet. Verleiht das Leopardenfell seinem Träger nicht den Nimbus männlicher Potenz? Warum trägt bei den alten Griechen Dionysos, Gott der Fruchtbarkeit und der sexuellen Ausschweifung, ein Leopardenfell um die Hüften? Warum wohl?

Man kann es aber auch ganz anders sehen: In Gesellschaften, die mit Sexualität nicht viel am Hut haben, haben wir Leoparden meist einen ganz schlechten Ruf. Und so wurden schnell die Flecken auf unserem Fell zur ‚Be-Fleckung' als Zeichen der Sünde. Vielleicht hängt damit auch unser deutscher Name Leopard zusammen. Er setzt sich aus dem Griechischen ‚leon' für Löwe und ‚pardos' für Panther zusammen und soll darauf hinweisen, dass wir nicht mehr als ein Bastard einer illegitimen Kreuzung dieser beiden Tiere sind. Tja, so kann man das auch deuten.

Eure Phantasie scheint ja wirklich nicht von schlechten Eltern zu sein. Das kann man auch in eurem Wiki nachlesen. Ich zitiere: „Der amerikanische Filmregisseur Stanley Kubrick machte sich diese Sichtweise in seinem Science-Fiction-Film 2001 zu eigen, wandte sie aber auf die Menschheit als Ganzes an. Gleich zu Beginn des Films wird eine Horde von Vormenschen von einem Leoparden angegriffen, der ein Mitglied der Gruppe tötet; in der folgenden Nacht blickt die Kamera in das kalte Auge des Raubtiers, das hier symbolisch für die Herrschaft der Natur über den Noch-Nicht-Menschen steht. Dieser wird erst

durch die (im Film durch einen schwarzen Mono-
lithen symbolisierte) Begegnung mit einer höheren Instanz zum Menschen. Doch der Weg zum
Licht führt wie bei Dante durch die Hölle des ersten Mordes."

Wahnsinn kann ich nur sagen, Wahnsinn.

24. Kushesha ist nicht zu zähmen

Portugiesische Seefahrer gaben mir Ende des 15. Jahrhunderts meinen Namen. Als sie mich entdeckten, dachten sie an iberische Wildpferde, die in Portugal ‚Zebros' genannt werden. Genau wie ich haben die schwarze Streifen. Um es vorweg zu sagen, bisher ist noch niemand so richtig hinter das Geheimnis meiner Streifen gekommen. Ich habe zum Beispiel etwa 30 Streifen. Es gibt Artgenossen, die Bergzebras, die auf 80 Streifen kommen. Vielleicht liegt das an der Höhenluft. Haha. Dazu später mehr.

Mein Name ist Kushesha, was in der Sprache der Zulu ‚bissig' bedeutet. Du triffst mich auf jeden Fall im Süden Afrikas an, meist in Begleitung meiner Artgenossen. Zu meiner Verwandtschaft gehören übrigens Pferde. Aber anders als bei Hauspferd und -esel hat es bisher noch keiner geschafft mich dauerhaft zu domestizieren. Afrikanische Hirtenvölker, später auch europäische Siedler, haben es immer wieder versucht, sind aber allesamt gescheitert. Wir Zebras sind und bleiben scheu und, wenn wir geärgert werden, auch bissig. Wenn es sein muss beißen wir so lange zu bis der Spuk ein Ende hat. Wir akzeptieren den Homo sapiens niemals als unseren Boss.

Was wenige wissen: In Zoos werden Wärter häufiger von uns gebissen als von Tigern. Warum müssen die uns auch immer so nahe kommen? Wir haben die doch nicht gerufen. Überhaupt kommen Menschen auf merkwürdige Ideen: 1911 hat es die Kavallerie der Schutztruppe in Deutsch-Ostafrika versucht. Gut, dass es bei dem Versuch geblieben ist. Oder Lionel Walter Rothschild hat einmal zwei von uns vor eine Kutsche gespannt. Wie er das geschafft ist, bleibt mir ein Rätsel. Ich kann es nur so erklären, dass mit Schlaf- oder Betäubungsmitteln getrickst wurden. Wäre ja nicht zum ersten Mal. Profi-Cowboys wollten uns gar mit Lassos einfangen. Denkste. Wir sehen das heranfliegende Seil und ducken uns einfach weg. Ist ganz einfach. Ich kann nur sagen: Nicht mit uns.

Wir Steppenzebras leben gerne in Herden, da das der beste Schutz für uns gegenüber den großen Raubtieren ist. Eine Herde besteht gewöhnlich aus einem Leithengst und mehreren Stuten mit ihrem Nachwuchs. Jüngere Hengste leben dagegen meist in eigenen kleinen Gruppen. Die müssen sich erst mal die Hufe abstoßen. Ach ja, mir ist schon klar, dass wir Zebras ganz schön fotogen sind. Aber weißt du auch, dass einige von uns ein ganz ordentliches Gewicht auf die Waage bringen? Bis zu 450 Kilogramm. Jetzt kannst du ja mal ausrechnen, was ein Löwe macht, wenn wir in einer Hundertschaft unterwegs sind. Nichts. Er schleicht sich davon. Und das ist gut so.

Über unsere Streifen ist schon viel spekuliert worden. Fakt ist jedenfalls, dass unsere Hintergrundfarbe dunkel ist, und die weißen Streifen erst mit der Embryonalentwicklung gebildet werden. Welche Funktion haben wohl die Streifen? Dienen sie zur Verwirrung unserer Feinde? Wäre denkbar. Charles Darwin und Alfred Russel Wallace vermuteten, die Streifen könnten im hohen Gras oder bei heißer, flimmernder Luft als Tarnung wirken. Auch ist möglich, dass durch die Streifenzeichnung die unsere Umrisse nicht mehr so gut erkennbar sind. Oder dienen sie als Schutz vor Tsetsefliegen und Bremsen, die die gefährliche Schlafkrankheit übertragen? Oder hängen sie mit unserer Thermoregulation zusammen? Oder der Identifizierung der einzelnen Tiere untereinander? Oder sonst noch eine Idee? Ich fasse die Diskussion mal so zusammen: ‚Nix genaues weiß mer net'. Ich habe gehört, dass man damit zumindest in Hessen ganz gut leben kann.

Weißt du warum wir richtig lange Wanderungen unternehmen? Weil wir zumindest alle 2 bis 3 Tage ausreichend Trinkwasser brauchen. Und da bei uns in Afrika das Wasser noch nicht überall au Hähnen fließt, heißt es immer wieder neue Wasserstellen anzusteuern. Das verbindet uns im

Übrigen mit unseren Freunden, den Streifengnus. In der offenen Savanne vermischen sich häufig unsere Herden und bleiben während der Wanderungen zusammen. Dabei gehen wir meist den Gnu-Herden voraus. Hast du eine Idee warum? Ist im Prinzip ganz einfach. Wir futtern gerne die hohen, nährstoffärmeren Gräser, die Gnus hingegen die mittleren und nährstoffreicheren. Und zusammen sind wird natürlich auch viel besser geschützt vor unseren Fressfeinden, den Löwen, Leoparden, Hyänen und dem afrikanischen Wildhund.

Unsere Freunde werden auch ‚Wildbeast' genannt. Keine Ahnung warum. Fakt ist, dass die einiges drauf haben wovon wir profitieren können. Sie verstehen zum Beispiel die Alarmrufe von Pavianen. Echt stark. Hat manchem von uns schon das Leben gerettet. Und die haben eine super Nase. Irgendwie erinnern die mich an Wetterfrösche, da sie über viele Kilometer hinweg einen Gewitterregen geradezu erschnuppern können. Vielleicht hören sie ihn auch mit ihren feinen Lauschern. Ist für die wohl überlebenswichtig, da sie täglich trinken müssen. Und kommt bei denen nicht nach spätestens fünf Tagen der Wasserlieferant vorbei, ist es vorbei mit der Herrlichkeit.

Auf jeden Fall macht es für uns Sinn mit denen zu kooperieren. Und wir haben auch Spaß mit

Ihnen. Es ist immer wieder lustig zu beobachten, dass, wenn ein Gnu-Bulle in irgendeine Richtung losrennt, sich die anderen ihm sofort anschließen und hinterher pesen. Bleibt dieser dann abrupt stehen und wühlt mit seinen Hörnern im Sand, legen auch die anderen sofort eine Vollbremsung ein. Man gewinnt den Eindruck, dass sie erst mal etwas außer Atem sind und sich dann fragen, ‚war da nicht was?'.

Übrigens, Gnus wandern nur deshalb über teilweise sehr weite Strecken, weil sie täglich frisches Wasser brauchen. Haben die genügend davon, sind sie sesshaft und haben wenig Lust herumzuziehen. Gemein finde ich, wie die teilweise beschrieben werden. Sie würden den Anschein erwecken, als hätte man sie aus Restposten anderer Tiere zusammengewürfelt: Der abgespeckte Kopf eines Büffels, das Hinterteil einer Antilope, die Mähne eines Pferdes sowie ab und an ein paar Zebrastreifen. Ich finde das ziemlich respektlos. Es ist eben nicht jeder so gutaussehend und fotogen wie wir, die Zebras.

Gnus bevölkern die Savannen des östlichen und südlichen Afrikas in sehr großer Zahl. Ist dir eigentlich schon mal aufgefallen, dass in vielen Tier- und Naturdokumentation Impalas und Gnus auftauchen? Und welche Rolle spielen sie? Opfer. Für die Jäger in diesen Gebieten sind sie das, was bei den Menschen das Brot ist: Grundnahrungsmittel. So kommen sie meist ins Spiel, wenn dargestellt werden soll, wie Löwinnen jagen, wie hinterhältig Hyänen über kleine Gnus herfallen oder wie sich mächtige Krokodile nach längerer Fastenzeit den Magen vollschlagen.

Gut dass wir Zebras meistens eine andere Rolle spielen. Und sei es in Verbindung mit unseren mysteriösen Streifen. Ich bin gespannt ob ihr irgendwann mal hinter unser Geheimnis kommt. Ihr solltet euch dabei etwas beeilen, da meine Lebenserwartung in der Savanne nur zwischen 15 und 20 Jahren liegt. Also, wie sehen uns hoffentlich bald wieder. Bis dahin, kommt uns nicht zu nahe oder wie die Zulus sagen: ‚Ungasondeli kakhulu'.

25. Ingwenja kann warten

Ich gratuliere dir zu deiner Geduld. Zeigt mir, dass du wirklich Interesse an mir hast. Klar, ich gehöre ja auch neben den Vögeln zu den letzten Überlebenden der Archosaurier. Und du hast mächtigen Respekt vor mir, Angst, Ehrfurcht, Bewunderung? Das ist voll gerechtfertigt. Trotz meines trägen Aussehens kann ich extrem schnell reagieren und weiß mich auch an Land sehr geschickt zu bewegen. Aber, ich kann dich beruhigen, Menschen stehen bei mir nicht an erster Stelle auf der Speisekarte.

Meine Name ist Ingwenja. In bin ein Krokodil, kein Alligator. Klar? Wenn du den Unterschied nicht kennst, da schau mich mal ganz genau an. Erkennst du mir ein Grinsen im Gesicht? Nein? Gut so. Das liegt daran, dass der Oberkiefer des Alligators breiter als bei mir ist, und daher im Unterkiefer verschwindet. Und achte auf den vierten Zahn im Unterkiefer. Wenn er vom Oberkiefer verdeckt wird, handelt es sich höchstwahrscheinlich um einen Alligator. So einfach ist das. Bezüglich der Analyse der Zähne empfehle ich dir die äußere Perspektive. Du verstehst? Ist in deinem Interesse.

Wir Nilkrokodile, ‚Crocodylus niloticus', werden bis zu sechs Meter lang mit einem Kampfgewicht von bis zu einer Tonne. Jungtiere sind olivgrün bis braun, ausgewachsene haben eine bräunlich-graue bis schwarze Färbung. Der charakteristische Krokodilpanzer, der lange Schwanz und das große Maul geben uns die einmalige, klassische Krokodiloptik. Ich weiß, nicht wenige Modebewusste sind geradezu vernarrt in uns. Vor allem wenn wir als Schuhe, Handtaschen oder Gürtel zur Verfügung stehen. Habt ihr eigentlich noch alle Tassen im Schrank? Ihr braucht euch wirklich nicht wundern, wenn ich mir ab und zu einen von euch greife und ihn zu einem Ringkampf einlade. Vergeßt nie, dass wir Fleischfresser sind. Ob jung oder alt, weiblich oder männlich, Veganer oder Junkfood-Liebhaber, wir sind nicht wählerisch.

Als sogenannte Lauerjäger liegen wir die meiste Zeit weitgehend untergetaucht im Wasser. Was manch einer vergisst: Unsere oben liegenden Augen können sehr gut sehen. Meist nähern wir uns geräuschlos an und schnellen dann wie aus heiterem Himmel aus dem Wasser. Das ist für mich kein Problem, da ich meinen muskulösen Schwanz zum Vortrieb nutze. Einige von uns haben da einen geradezu raketenhaften Angriffsstil entwickelt. Habe ich meine Beute erst zwischen den Zähnen, ziehe ich sie unter die Oberfläche, winde mich mit Beute mehrmals um die eigene Körperachse und versuche sie zu ertränken. Ist das vollbracht, kümmere ich mich um die Einzelteile. Da ich nicht kauen kann, schlinge ich Brocken für Brocken runter. Echte Arbeit ist das für mich. Aber es lohnt sich. Ich denke so fünfzig volle Mahlzeiten genügen mir im Jahr. Mehr brauche ich nicht. Ist eigentlich erstaunlich da ich mein ganzes Leben lang wachse. Denkst du, ich wäre mit meinen bis zu 6 Meter Länge aus dem Ei geschlüpft?

Im Alter von 12 bis 15 Jahren beginnen wir mit der Fortpflanzung. Nach der Paarung legt das Weibchen 20 bis 80 Eier in Sandgruben außerhalb des Wassers, von wo aus sie diese nach dem Schlüpfen ins Wasser trägt. Die Entwicklung der Krokodile hängt bei uns von der Temperatur im Nest ab. Irre was? Wir haben nämlich keine Geschlechtschromosomen. Werden die Eier unter 30°C ausgebrütet, schlüpfen aus ihnen Weibchen, bei einer Temperatur um 34°C Männchen. So einfach ist das. Allerdings kommt von unserem Nachwuchs nur gut jeder Zehnte durch. Tja, es ist nicht einfach, alle möglichen Feinde in Griff zu halten: Warane, Waschbären, Schweine, Greifvögel und Reiher sind hinter unserem Nachwuchs her. Und, ich muss gestehen, auch unter uns Krokodilen gibt es Kannibalismus. Ist zwar nicht die Regel, aber, das Leben ist wie es ist. Sind wir dann mal ausgewachsen, haben wir so gut wie keine natürlichen Feinde. Okay, den Ungetümen von Flusspferden muss man nicht unbedingt begegnen. Aber sonst: Fehlanzeige.

Eine im Juli 2013 publizierte wissenschaftliche Untersuchung stellte fest, dass einige von meinen Artgenossen neuerdings auch Früchte, Nüsse und Samen futtern. Für mich voll undenkbar. Aber, so wie es bei uns Kannibalen gibt, sind nun eben auch noch Vegetarier dazu gekommen. Wie heißt es so schön bei euch? Jedem Tierchen sein Plaisirchen.

Jetzt kannst du mal zeigen, was du so drauf hast. Wie alt werden wir Krokodile? Tja, das ist eine echte Herausforderung. Sterben wir eines natürlichen Todes in Freiheit, erfahrt ihr nichts davon. Verlängert ein Zooaufenthalt mit täglichem Kuschelpaket unser Leben oder doch nicht? Hör dir mal all die Kommentare der Besucher an, die wir Tag für Tag ertragen müssen. Stress pur. Eines steht jedenfalls fest: Das älteste in menschlicher Obhut gestorbene Krokodil der Welt soll 115 Jahre alt geworden sein. 115 Jahre, da hätte ich auch nichts dagegen einzuwenden.

Die meisten von uns werden das jedenfalls nicht erreichen. Das liegt nicht an dem wachsenden Anteil von Vegetariern bei euch, sondern an euren Jägern, Wilderern und Event Managern. Braucht ihr wirklich so was wie nahe der australi-

118

schen Stadt Darwin ‚Jumping crocodiles' als Touristenattraktion? Habt ihr sonst nichts zu bieten? Ich bin schon im Klaren darüber, dass ihr weltweit auf die verrücktesten Ideen kommt: Kroko-Fleisch im Delikatessladen, Asiaten und Chinesen stehen auf unsere Innereien, die Hautknochen der Rückenschilde und andere Teile für medizinische Zwecke, pulverisierte Zähne und Klauen für Zauber-Mixgetränke in Indonesien.

Wenn ich an eure Mordlüste gegen Ende des 19. Jahrhunderts denke wird mir nur schlecht. Aus dem Jahr 1888 liegen Zahlen einer einzelnen Jagdgruppe von zehn Jägern vor, die in einem Jahr über 5.000 Alligatoren getötet hatten. In einigen Teilen Floridas waren Tagesquoten von über 200 Tieren normal. Auch der Fang von Jungalligatoren und deren Verkauf, lebend oder präpariert, war sehr lukrativ. Erst 1944 wurden wir während der Fortpflanzungszeit und bis zu einer Körpergröße von 1,20 Metern unter Schutz gestellt, damit sich die Bestände wieder erholen konnten.

Weißt du, wer hinter den Krokodilfarmen steht? Artenschützer? Dass ich nicht laut lache. Es war und ist die Leder verarbeitende Industrie, die investierte, als die Bestände vieler kommerziell nutzbarer Krokodilarten zu schwinden drohten. Diese unterscheiden sich von reinen Schauanlagen dadurch, dass wir dort nicht nur gehalten, sondern auch legal gekillt werden können. Allerdings sollen auch die Zuchtanlagen genannt werden, die heute neben der Nutzung vor allem der Arterhaltung und der Aufstockung der Wildbestände dienen. Die Haupteinnahmequelle für diese Farmen ist heute nicht mehr die Lederindustrie. Nein, die dienen als touristische Attraktionen.

Habt ihr schon mal was von Gift aus Krokodilgalle gehört? Fragt doch mal einen richtigen Medizinmann in Schwarzafrika danach. Vielleicht erzählt euch dieser was über die Herstellung von Pfeilgiften und anderen Zauberstöffchen. Die einen werden daran glauben, die anderen weniger. Was ihr mir aber wirklich glauben könnt, ist das Wunderwerk meiner Zähne. Die werden tatsächlich bis zu 50 Mal erneuert. Warum wohl?

Mach's gut Fremder. Und wahre einen respektvollen Abstand zu mir. Das wäre eine echte Win-Win-Situation: Gesund für dich und gut für mein Image. Ich mag dich.

Danke

Ich danke unserem Studiosus-Reiseleiter Daniel Frey für seine fachkundigen Ausführungen, seine Geduld und Nachsicht für viele, viele Fragen meinerseits. Unvergesslich bleibt mir eine seiner Antworten auf einem Rastplatz zwischen Kruger Park und Johannesburg: „Kudu ist Kudu". Daniel schaute mir dabei tief in die Augen ... Daniel, ich habe es verstanden.